Gabriele Hasmann
Ursula Hepp

Hexen, Heiler und Dämonen

Geheimnisvolle Orte und magische Menschen in Österreich

UEBERREUTER

»Für diejenigen, die glauben, ist kein Beweis nötig,
für diejenigen, die nicht glauben, ist kein Beweis möglich!«

Stewart Case

Das säurefreie und alterungsbeständige Papier EOS liefert Salzer, St. Pölten
(hergestellt aus chlorfrei gebleichtem Zellstoff aus nachhaltiger Forstwirtschaft).

ISBN 978-3-8000-7471-6

Covergestaltung: Kurt Hamtil, Verlagsbüro Wien
Coverfoto: Ursula Hepp

Gedruckt in Österreich
7 6 5 4 3 2 1

Ueberreuter im Internet: www.ueberreuter.at

INHALT

VORWORT

Nach einer erfolgreichen Zusammenarbeit am Buch »Geisterjäger – Auf den Spuren des Übersinnlichen« (Verlag Carl Ueberreuter) beschlossen Uschi Hepp und ich, ein weiteres gemeinsames Projekt zu starten: Wir hatten die Idee, magische Geschehnisse, Orte und Menschen in Österreich kritisch unter die Lupe zu nehmen, die Kräfte und Fähigkeiten derselben an uns selbst zu testen und darüber zu berichten.

Nach einigen Reisen in verschiedenste Bundesländer, erstaunlichen Experimenten und skurrilen Begebenheiten liegt nun das Ergebnis unserer Gespräche und der darauf folgenden Selbstversuche vor: dieses Buch!

Wir haben uns für dieses Werk durch Felsentrümmer gequetscht, an eigenartige Maschinen anschließen lassen, beim Bespucken einer Kartoffelknolle zugesehen und einer mordlustigen Geistergräfin aufgelauert – doch halt, das alles hat Uschi tun müssen! Ich war nur hin und wieder mit dabei, habe den Rest der Zeit Hintergrundinformationen recherchiert und alles niedergeschrieben.

Daher ist beim »Ich« im Text auch tatsächlich immer von MIR die Rede – nur damit keine Missverständnisse oder Verwechslungen aufkommen und Uschi für etwas verantwortlich gemacht wird, was allein auf meinem Mist gewachsen ist, wie zum Beispiel sarkastische Randbemerkungen, böshumorige Kommentare, zynische Anmerkungen oder überskeptische Analysen.

Und wenn nun jemandem die Frage auf den Lippen brennt, ob wir etwas gelernt hätten auf unserer »magischen Reise«, so ist dies aus meiner Sicht mit »Ja« zu beantworten, nämlich: Es gibt nichts, was es nicht gibt!

Viel Spaß beim Lesen!

Ihre Gabi Hasmann
g.hasmann@kabsi.at

Was ist Magie? Dunkle Mächte? Zauberei à la Harry Potter? Hokuspokus wie das Kaninchen im Hut?

Nein! Oder besser gesagt: nicht nur!

Wir alle betreiben im Alltag ständig Magie: Jeder Wunsch, jedes starke Bedürfnis, jede Sehnsucht u.s.w. verändert und beeinflusst uns und – langfristig betrachtet – alles um uns herum. Werden Wünsche wahr, Bedürfnisse gestillt, erfüllen sich Sehnsüchte … dann wird das gerne als »Zufall« bezeichnet – dabei ist es nichts anderes als Magie!

Dieses Spiel mit unseren energetischen Kräften ist so alt wie die Menschheit selbst und entspringt dem natürlichen Verlangen nach Lebensqualität.

Am wichtigsten ist es, seiner Gabe, etwas zum Guten verändern zu können, zu vertrauen – dann werden die »Wünsche ans Universum« nicht nur ge-, sondern auch erhört.

Magische Grüße!

Ihre Uschi Hepp
ursula.hepp@aon.at

»Ich habe zuweilen einen abgründigen Hass auf die Zahl. Sie ist die absurdeste Fälschung der ›Wirklichkeit‹, die dem Menschen wohl je gelungen ist, und doch baut sich auf ihr ›unsere ganze heutige Welt‹ auf.«

Christian Morgenstern (1871–1914), deutscher Dichter

Alles, was zählt

Von jeher haben die Menschen den Zahlen eine bestimmte Bedeutung verliehen, auch wenn diese ursprünglich nur als von Naturbeobachtungen abgeleitetes Ordnungsprinzip dienten (die sieben Tage der Woche von den Mondphasen abgeleitet oder die zwölf Monate von den Sternbildern des Tierkreises).

Doch schon der griechische Philosoph Pythagoras (um 570–510 v. Chr.), auf den die Symbolik der Zahlen zurückgehen soll, sagte: »Die Zahl ist das Wesen aller Dinge!« Und der Mathematiker, Physiker und Astronom Galileo Galilei (1564–1642) war der Auffassung: »Das Buch der Natur ist mit mathematischen Symbolen geschrieben!«

Im Laufe der Zeit gewannen nun die Zahlen eine immer größere Bedeutung für die Menschheit, ihre Kombinationen wurden immer komplizierter und mittlerweile lässt sich nichts mehr ohne sie ordnen: Man denke nur an Registriernummern, Sicherheitscodes, Versicherungsnummern, Kundennummern etc.

Doch jenen, die an die Mystik der Zahlen (Numerologie) oder an ihre Symbolik glauben, ist die ordnende und strukturierende Verwendung nicht bedeutsam genug. Es wird daher nach einem tieferen Sinn im eigenen Geburtsdatum gesucht oder das Heim nach dem Prinzip des Feng Shui eingerichtet. Manch einer erkennt sogar in der mathematischen Regelmäßigkeit im Aufbau eines Gebäudes die religiösen bzw. kulturellen Hintergründe der Errichtung desselben (dazu später mehr), andere wiederum entdecken in Märchen jede Menge Metaphern aufgrund einer gewissen Systematik bei der Verwendung von Zahlen (zum Beispiel Schneewittchen und die sieben Zwerge, Der Wolf und die sieben Geißlein, Das tapfere Schneiderlein und die »Sieben auf einen Streich« u.s.w.). Der Interpretationsmöglichkeiten gibt es viele – und wer suchet, der findet auch!

Die Zahlen und ihre Bedeutung

Sehen wir uns, zusammengefasst und vereinfacht, einige Bedeutungen der Zahlen von eins bis zehn aus dem Christentum, dem asiatischen Raum und die dazugehörigen Eigenschaften des Menschen (der Numerologie entnommen) an:

	Christliche Symbolik	Chinesische Symbolik/Feng Shui (»Wind und Wasser«)	Menschen zugeordnete Eigenschaften
1	Einzigartigkeit, Einigkeit, das Göttliche, Ursprung	allerhöchste Größe, das Vollkommene, Einsamkeit	strebsam, selbstbewusst, schöpferisch, aggressiv
2	erhöhter Wahrheitsgehalt, Dualität	Yin und Yang, Gegensätze, Vertrauen	fantasievoll, diplomatisch, sensibel, konfliktscheu
3	hohe Eindringlichkeit, Dreifaltigkeit	Triade Himmel-Erde-Mensch, Familie	mitteilsam, lebensfreudig, extrovertiert, depressiv
4	das Weltumspannende, Irdische	Unheil, Tod	systematisch, ordentlich, praktisch, materiell
5	Vereinigung, ausgeglichene Mitte	fünf Weltrichtungen, Elemente, Farben, Leere	abenteuerlustig, sinnlich, flexibel, bindungsscheu
6	zwischen Gegensatz und Vollendung	sechs Richtungen, Gefühlsregungen, Bewegung	gerecht, gefühlvoll, loyal, eifersüchtig
7	Fülle und Vollendung, Heilung	Entwicklung der Frau, Sicherheit	ruhig, wissbegierig, intuitiv, einzelgängerisch
8	Gleichgewicht im Kosmos	Entwicklung des Mannes, Reichtum	weitsichtig, organisiert, kraftvoll, karrierebewusst
9	vollkommen Himmlisches, Heiliges	der Drache, Langlebigkeit	mitfühlend, selbstlos, sozial, gönnerhaft
10	in sich Vollendetes, Ganzes	ursprünglich Anzahl der Tierkreiszeichen, Vollendung	Quersummen zu bilden

Quellen, detailliertere Erklärungen, weitere Zahlen und ihre Bedeutung:

! TIPP

Christliche Symbolik
http://www.heiligenlexikon.de/Glossar/Zahlenmystik.htm

Chinesische Symbolik/Feng Shui
http://de.wikipedia.org/wiki/ChinesischeZahlen#Zahlensymbolik
http://www.fengshuikunth.de

Menschen zugeordnete Eigenschaften
http://www.topas-muenchen.de/BedeutungDerZahlenArchivseiteNumerologieToPASMunchen.htm

Ebenfalls recht aufschlussreich ist die germanische Zahlensymbolik, mehr dazu (samt Informationen zu Zauberpflanzen, heiligen Bäumen und schamanischen Ritualen) findet man in: Der heilige Hain. AT Verlag, Aarau (CH) 2005.

Die Numerologie gilt aus mathematisch-naturwissenschaftlicher Sicht weithin als Pseudowissenschaft. Es wird davon ausgegangen, dass im Laufe der Geschichte sehr viele Verknüpfungsmöglichkeiten von Zahlen mit Menschen, Gegenständen oder auch Ereignissen entstehen. Darum ist die Wahrscheinlichkeit groß, dass man zu allen Zahlen und ihren Vielfachen Übereinstimmungen findet, sodass es nahe liegt, dass diesen mit der Zeit auch eine bestimmte Bedeutung »angedichtet« wurde.

Jeder kann das selbst testen: Einfach ein bekanntes Bauwerk, ein markantes Ereignis oder eine berühmte Persönlichkeit in eine Internet-Suchmaschine eingeben, dazu eine x-beliebige Zahl (am besten maximal zweistellig) wählen und schauen, was dabei alles zu finden ist. Ich verspreche, es ist so einiges.

Fakt ist aber, dass jeden von uns Zahlen nicht nur als notwendiges Übel oder der praktischen Anwendungen wegen begleiten, sondern dass man aufgrund von gesellschaftlichen Prägungen und eigenen Erfahrungen gewisse Vorlieben oder Abneigungen gegen Zahlen entwickelt. Kaum jemand hat keine Glückszahl, die häufig aus Teilen eines Datums besteht, welches mit etwas Positivem verknüpft ist (eigener Geburtstag, Hochzeitstag, Geburtstag des Kindes etc.).

Im Glücksspiel ist übrigens die 19 mit 33 Prozent über dem Durchschnitt die am häufigsten getippte Zahl, was wahrscheinlich daran liegt, dass alle Lottoscheinausfüller oder Jetonplatzierer 19-irgendwas geboren sind).

Auf der anderen Seite steht allerdings die Furcht vor bestimmten Zahlen, in unseren Breiten zum Beispiel vor der 13 (bei orientalischen Völkern steht sie hingegen für Glück und neue Aktivitäten), was so weit führt, dass manche Hotels die Zimmernummer 13 oder Fluggesellschaften die Reihe 13 auslassen, um Probleme zu vermeiden. Dieser Aberglaube hat seinen Ursprung übrigens in der Bibel, da Jesus während des Abendmahls mit seinen 12 Jüngern von der 13. Person,

Judas, verraten wurde und den Tod fand. Das Pech soll sich an einem Freitag verdoppeln, da an diesem Tag die Kreuzigung erfolgte.

Oder die »böse« 666, die bei fast jedem die Gänsehaut rieseln lässt – wir verbinden diese Zahl automatisch mit dem Satan, obwohl in der Bibel nur kryptisch angedeutet wird: *»Hier ist die Weisheit. Wer Verstand hat, der überlege die Zahl des Tiers; denn es ist eines Menschen Zahl, und seine Zahl ist sechshundertsechsundsechzig.«* Das Rätsel, wer hier nun genau mit dem »Menschen« gemeint ist, konnte bis heute nicht gelöst werden, auch wenn es einige Erklärungsversuche gibt – einer davon lautet: Die Zahl 666 ist die Quersumme des Namens von Kaiser Nero, wenn man den Buchstaben die Zahlenwerte des hebräischen Alphabetes zugrunde legt. Doch für viele andere Zahleninterpretierer, ebenso wie für Hollywood, ist und bleibt hier Satan der Hauptverdächtige.

Und jenen, die überall eine Verschwörung wittern oder an die Vorbereitung der Teufelsjünger für die Übernahme unserer Gesellschaft glauben, sei hier ein »Indiz« serviert: Der EAN-Code (am häufigsten verwendeter Strichcode, siehe Beispiel) weist stets die 666 auf, eine Sechs (zwei dünne Striche nebeneinander) am Anfang, die zweite in der Mitte und die dritte am Ende. Doch bei kritischer Betrachtung erkennt man, dass die Begrenzungs- und die Trennungscodierung dem Symbol für die Sechs nur sehr stark ähneln.

Und jetzt noch ein gruseliges »Zahlen-Schmankerl« aus Wien: In einem Wohnhaus in Hernals, in der Rokitanskygasse 15, werden seit 1979 alle zehn Jahre verwesende Leichen gefunden, und zwar vom dritten Stockwerk abwärts. Laut Kripo-Chef Christoph Hetzmannseder steht die Polizei vor einem Rätsel! Die Chronologie des Grauens: 1979 wird ein 40-jähriger Mieter tot am Gang-WC im dritten Stock gefunden – die verweste Leiche saß dort ganze drei Wochen lang. 1989 entdeckt man den bereits in Verwesung begriffenen Körper einer 84-jährigen Pensionistin im Wohnzimmer ihrer Wohnung im zweiten Stock, sie saß, ebenfalls drei Wochen lang, tot in ihrem Fernsehsessel. 1999 wird ein 36-jähriger Mann drei Wochen nach seinem Tod verwest in seinem Wohnzimmer im ersten

Stock aufgefunden. 2009 ist allerdings nichts passiert, das bestätigt mir eine Nachbarin aus besagtem Haus: »Ich glaube nicht an einen Fluch, das ist meiner Meinung nach nur Zufall. Sicher ist, dass wir nun besser aufeinander aufpassen. Ganz unten wohnen zwei ältere Damen, da geh ich immer nachschauen, ob eh alles in Ordnung ist. Sicherheitshalber!«

Doch können die Bewohner des Parterres aufatmen? Ist die Gefahr wirklich endgültig gebannt?

Im Wiener Leichen- und Bestattungsgesetz finden wir Folgendes unter § 8 (4): »Das Totenbeschauprotokoll ist zehn Jahre lang aufzubewahren.« Und unter § 35 (2): »Die Auflassung einer Bestattungsanlage ist frühestens zehn Jahre ab der letzten Bestattung von Leichen möglich.« Also wieder die zehn und der Tod … oder eben nur Zufall!?

Musikalische Zahlen bei Bach und Mozart

In den Werken von Johannes Sebastian Bach (1685–1750) spielt die Zahl 14 eine große Rolle.

Zuerst einmal kann man feststellen, dass der Name des deutschen Komponisten mittels Zahlenalphabet (Gematrie), B=2 + A=1 + C=3 + H=8, die Quersumme 14 ergibt. Durchforstet man nun die Kantaten, Sonaten und Passionen des Künstlers, stößt man immer wieder auf diese Zahl. Außerdem ist in Bachs Siegel (oben) neben den üblichen Schnörkeln der Buchstaben erkennbar, dass jeder von ihnen mit einem Punkt beginnt oder endet und die Summe aller punktförmigen Verzierungen des Siegelabdruckes ergibt wiederum die Zahl 14 (ist offensichtlich nur etwas für geübte Blicke – ich habe nach einer halben Stunde der Punktsuche aufgegeben).

Doch auch der Österreicher Wolfgang Amadeus Mozart (1756–1791) war offensichtlich ein Fan solcher Spielereien. Der Oper »Die Zauberflöte«, die als eine Verherrlichung der Ideale des Freimaurer-

Bundes angesehen wird, liegt bei genauerer Betrachtung eine komplexe Zahlensymbolik zugrunde. Beschränkt man sich etwa auf die Drei (das Ritual eines Freimaurer-Bundes ist grundlegend durch die Dreiheit bestimmt) als Schlüsselzahl sowohl der Musik als auch des Textes, wird man relativ rasch fündig: So stehen drei Damen im Dienste der Königin der Nacht und dreimaliger Donner und der Ruf »Sie kommt – sie kommt – sie kommt!« künden ihr Nahen an. Dreimal tritt die Königin der Nacht in Erscheinung, am Anfang der Handlung, in der Mitte und am Schluss. Auch ihre drei Damen greifen dreimal in die Handlung ein. Das Trio der Prüflinge Tamino, Pamina und Papageno wird begleitet von den drei Genien oder Knaben. Sarastro wirkt dreimal als Hohepriester des Weisheitsbundes im Kreise der achtzehn (= 3 x 2 x 3) Eingeweihten. Entsprechend der Dreizahl haben die Fremdlinge auch drei Prüfungen zu bestehen. Ferner zeigt die Bühne am Ende des ersten Aktes drei Tempel, deren Pforten mit »Vernunft«, »Weisheit« und »Natur« überschrieben sind. Dreimal versucht Tamino vergebens, durch Anklopfen in diese Tempel zu gelangen. In Sarastros Reich herrschen Klugheit, Arbeit und Künste, seine Priester fordern dreierlei von Tamino: »Sei standhaft, duldsam und verschwiegen.« Durch drei Posaunenstöße geben die Geweihten ihre Zustimmung zu Sarastros Vorschlag und Tamino zu den Prüfungen.

Interessanterweise sind es auch drei Musikinstrumente, welche die Handlung von Mozarts Oper »Die Zauberflöte« mitbestimmen: die Flöte, das Glöckchenspiel und Papagenos Faunenflötchen. Jedes dieser drei Instrumente wird dreimal gespielt.

In den letzten Worten der Zauberflöte werden drei Grundprinzipien der Schöpfung genannt: »Es siegte die *Stärke* und krönet zum Lohn die *Schönheit* und *Weisheit* mit ewiger Kron‹.«

Zahlensymbolik in Wien

Auch in der Architektur scheinen Zahlen seit jeher eine nicht unwichtige Rolle zu spielen, eines der Wiener Wahrzeichen etwa, der Stephansdom, ist gespickt mit mathematischen Auffälligkeiten.

Den Maßen des Steffl liegen die Zahlen Drei und Vier zugrunde:

Nach alten Angaben ist der Dom 333 Fuß (= 107,2 Meter) lang – heute nachgemessen stimmt die Länge allerdings nicht, sie beträgt mindestens 348 Fuß, der Südturm ist 444 Fuß (= 136,4 Meter) hoch. Setzt man nun hinter die 3 eine 7, also 37, erhält man bei einer Multiplikation mit wiederum der 3 die Breite des Steffls, nämlich 111 Fuß (34,2 Meter). Das Treppengeländer zur Kanzel setzt sich aus stilisierten Rädern zusammen, einem »Dreipass« und einem »Vierpass«. Die Anzahl der Stufen auf der Treppe zur Türmerstube des Glockenturms (heutige Aussichtsterrasse) beträgt 343 (7 x 7 x 7). 12 (3 x 4) Türmchen schließen den Unterbau des Südturmes ab, aus deren Mitte erhebt sich die Turmspitze (Christus und die 12 Apostel). Die Fenster im Langhaus bestehen aus je vier, die Chorfenster im Priesterbereich aus je drei Teilen.

Weiter geht's zur Pestsäule am Graben. Ihr architektonischer Aufbau wird, welch Wunder, ebenfalls durch die Drei bestimmt. Alle ihre Figuren, Wappen und Inschriften stehen in Verbindung mit dem Grundgedanken der Dreieinigkeit, der Heiligen Dreifaltigkeit, zu deren Ehren dieses Monument geschaffen wurde (mehr dazu auf http://www.wien-konkret.at/sehenswuerdigkeiten/pestsaeule/pestsaeule-symbolik).

Zurück zu den Freimaurern bzw. der »Großloge von Österreich der alten, freien und angenommenen Maurer«: In der Rauhensteingasse im 1. Bezirk gibt es ein Haus, seit 1984 im Besitz der Loge, in dem wöchentlich die Treffen des Männerbundes stattfinden (Quelle: Zeitschrift »Gewinn«) – es trägt die Nummer 3, das Tor zieren drei Türknäufe und drei Glocken. Gegenüber dem »Freimaurer-Gebäude« stand übrigens das Sterbehaus Mozarts, in welchem auch »Die Zauberflöte« entstand.

Jetzt kommen wir zu einem Gebäude, das schon viele Menschen in seinen Bann gezogen hat – mich eingeschlossen: der Narrenturm!

Da man dieser ehemaligen »Irrenanstalt« nicht nur eine mystische Zahlensymbolik nachsagt, sondern auch eine »seltsame Energie«, die das Gemäuer auf dem Gelände des alten AKH durchfluten soll, habe ich mich auf den Weg dorthin gemacht.

Groß, unheimlich und irgendwie mächtig steht er vor mir, der

»Narrenturm«, in dem sich seit 1971 das Pathologisch-Anatomische Bundesmuseum der Stadt Wien befindet.

Die beklemmende Stille ringsum hüllt mich ein, während ich mich dem Gebäude nähere und dann nach einigen Minuten des Zögerns und Umherschauens durch das Eingangstor trete.

Der Narrenturm wurde als psychiatrisches Krankenhaus 1784 unter Kaiser Joseph II. errichtet. Planender Architekt war Isidore Canevale, doch es kamen auch die Vorstellungen des damaligen Spitalsdirektors Doktor Joseph von Quarin zur Umsetzung. 1866 wurde der Betrieb eingestellt und der fünfgeschossige Rundbau – im Volksmund wegen seiner Form auch »Kaiser Josephs Gugelhupf« genannt – als Schwesternwohnheim und Depot von Universitätskliniken und Werkstätten genutzt. In dem Gebäude findet man 139 nach außen blickende und innen an Rundkorridore gefädelte Zellen. In seinem Zentrum liegt ein Hof, der logischerweise ebenfalls rund ist.

1971 hat man das Pathologisch-Anatomische Bundesmuseum im Turm untergebracht, seit 1993 wird das gesamte Gebäude als Museum geführt. Das geschützte Denkmal ist heute im Besitz der Universität Wien.

Mit rund 50 000 Präparaten (1971 waren es 7000) stellt das Museum eine der weltweit bedeutendsten Sammlungen ihrer Art aus und wird von Forschern und Studenten genützt, da viele der hier dokumentierten Krankheitsbilder bei uns längst nicht mehr klinisch auftreten. Die Exponate sind in vier Hauptgruppen gegliedert: Feuchtpräparate, Trocken- oder Mazerationspräparate (hauptsächlich Knochen), Moulagen (Wachs- und Paraffinabdrücke von kranken Körperteilen, deren Herstellungsmethode ein Geheimnis von Vater und Sohn Henning war und in Vergessenheit geraten ist) und Geräte (zu der Gruppe zählen auch die Sammlungen medizinischer Münzen und Marken sowie Berufsabzeichen der Pflegeberufe). Des Weiteren sind in den Räumlichkeiten auch unzählige Anthologien von Sektionsprotokollen zu finden.

Die Anschauungsbeispiele – Moulagen und Geräte ausgenommen – wurden bei Obduktionen und Operationen gewonnen. Bei den Feuchtpräparaten handelt es sich um pathologisch veränderte menschliche und tierische Leichenteile, die in Formaldehyd konserviert wurden. Die Knochenkollektionen enthalten u. a. über 200 komplette Skelette mit krankhaften Veränderungen.

Ich wende mich an die Leiterin des Museums, Frau Doktor Beatrix Patzak, die mich auf meine Frage nach ungewöhnlichen Vorkommnissen im »Narrenturm« nach längerem »Um-den-heißen-Brei-Herumreden« darüber informiert, dass der hausinterne Computer jedes Jahr eine neue Festplatte benötige. Laut Auskunft eines Computer-Fachmannes, die ich einige Tage später eingeholt habe, ist das selbst bei maximaler Auslastung des Gerätes sehr erstaunlich.

Ich werde jetzt an eine Mitarbeiterin aus der »Knochenabteilung« verwiesen, die weit auskunftsfreudiger als die Museumsleiterin berichtet: »Ich arbeite schon lange hier und bekomme alles mit, was passiert. Die Energie hier ist wirklich eigenartig, aber das ist irgendwie logisch nach all den schrecklichen Vorkommnissen in der Vergangenheit, denn die Methoden, mit welchen man die Geisteskranken damals behandelt und zu kurieren versucht hat, waren recht brutal und verursachten größtenteils starke Schmerzen. Viele der Insassen wurden auch einfach nur weggesperrt, wenn man keine Erfolge erzielte, und wie Tiere gehalten. Da die ursprünglichen Räumlichkeiten, die Zellen, in der Form erhalten blieben, ist hier schon eine gewisse Schwere feststellbar. Es hängt meiner Meinung nach die ganze Qual und Verzweiflung der Menschen in der Luft hier drinnen.«

Weiter geht's durch den wenig freundlichen Innenhof, der in zwei finstere Segmente geteilt ist, in den anderen Teil des Gebäudes. Ich klettere die steile Treppe nach oben und betrete die Abteilung der Moulagen und Feuchtpräparate. Vorbei an von Krankheiten entstellten Fratzen und deformierten Körperteilen ziehe ich in den muffigen, engen Gängen meine Kreise. Endlich treffe ich auf den Verantwortlichen dieses Bereiches, einen rothaarigen, sehr blassen Mann um die 40, der mich sofort in sein Büro führt. Nervös trommelt er mit den Fingern auf die Schreibtischplatte, springt dann plötzlich auf, schließt die Türe und beginnt mit verschwörerischem Blick zu erzählen: »Es ist schon so, dass sensiblere Menschen, als ich es bin, etwas sehen oder spüren. Wir haben ständig das Problem, dass Besucher in Ohnmacht fallen, dauernd kippt irgendwer um. Das müssen die negativen Energien bewirken. Ich spüre das nicht oder nicht mehr, weil ich schon sehr lange hier arbeite. Andere erzählen, dass sie Schreie aus den Zellen vernehmen, einige laufen auch einfach nur wortlos wieder die Treppe hinunter, hinaus in den Hof.« Nachdenklich wiegt der rothaarige Mann den Kopf. Dann erwähnt auch er den PC, der in diesem Gebäude offensichtlich tatsächlich mit allerlei Belastungen zu kämpfen hat, da auch überdurchschnittlich viele E-Mails verloren gehen, also nie beim Empfänger ankommen.

Als ich mit einem mittlerweile recht flauen Gefühl im Magen – die Luft in dem Turm ist wirklich nicht besonders frisch – den Rückzug antreten will, verstellt mir ein riesiger Mann den Weg. Flüsternd fragt er: »Du willst etwas über dieses Gebäude wissen? Komm mit!« Er führt mich in eine kleine Kammer und schließt rasch die Türe. Der Mann stellt sich als Alfred Stohl vor, der ein Buch über die Zahlenmystik des Turms geschrieben hat (Der Narrenturm oder Die dunkle Seite der Wissenschaft. Wien: Böhlau Verlag 2000). Umständlich erklärt er mir seine Theorie, wobei er Deutungsweisen recht okkulter Art favorisiert. Er versucht, vermeintlichen Verschlüsselungen auf die Spur zu kommen, indem er bei der Zahl der Geschosse und der Zellen sowie beim Durchmesser des Turmes griechische, jüdische, islamische und christliche Zahlensymbolik strapaziert. Auch die Freimaurer-Symbolik, Tarot, die Rosenkreuzer und die arkane Alchemie werden bemüht. Weiters zitiert Stohl auf der Suche nach Bedeutungen die hermetischen »Siegel« des Giordano Bruno (italienischer Priester, Dichter und Philosoph, 1548–1600, der durch die Inquisition wegen Ketzerei und Magie für schuldig befunden und zum Tod auf dem Scheiterhaufen verurteilt wurde), die Ikonografie (wissenschaftliche Methode der Kunstgeschichte, die sich mit der Bestimmung und Deutung von Motiven in Werken der Bildenden Kunst beschäftigt) der Dürer'schen »Melencholia« und die Manifestation des »Tieres 666«. Stohls Meinung nach sollten die zahlenmystischen Proportionen des Turmes angeblich Transmutationsprozesse in Gang setzen und damit die Heilung seiner Insassen beschleunigen.

Da mir nun bereits der Kopf von den vielen Informationen brummt, verabschiede ich mich vom »Narrenturm«, diesem eigenartigen Gemäuer, das trotz seiner teilweise sehr skurrilen Präparate und der auch von mir wahrgenommenen eigenartigen »Schwere« (von manchem sicher als negative Energie empfunden oder bezeichnet) eine unglaubliche Faszination auf mich ausübt.

Zurück ins Heute! Noch steht er, der Narrenturm, doch aufgrund mangelnder Subventionen ist die Bausubstanz am Verfallen. Ein Besuch ist allerdings sehr zu empfehlen, denn »Hier ist der Ort, an dem der Tod sich freut, dem Leben zu helfen!«, wie in einem Spruch, original natürlich in Latein, über einem Türbogen im Turm zu lesen ist.

TIPP

Infos zu den Öffnungszeiten auf http://www.narrenturm.at
Patzak, Beatrix: Faszination und Ekel. Stocker Verlag, Graz 2009.

Und jetzt noch eine verblüffende Tatsache zu fünf Kirchen aus Wien, die Zahlensymbolik dahinter ist allerdings mehr etwas für »Hineininterpretierer«:

Beginnen wir bei Friedrich III. (1415–1493) und seiner geheimnisvollen Botschaft AEIOU, die er an etlichen Gebäuden Österreichs hinterlassen hat, wie u. a. an der Stadtpfarrkirche von Krems, an der Georgskapelle der Wiener Neustädter Burg, im Grazer Dom und an der Ruprechtskirche, der wahrscheinlich ältesten Kirche Wiens, auf einer Sandsteintafel am Bogen der Westempore mit der Aufschrift »1439 AEIOU« – es ist das Jahr, in dem Friedrich III. als Herzog von Österreich in Wien einzog. Der Herrscher hat sein Motto außerdem handschriftlich (in Kleinbuchstaben mit charakteristischer Schlinge) in Bücher und Schriften eingetragen, zum ersten Mal nach seiner Rückkehr aus dem Heiligen Land, als sich der damals 22-Jährige am 27. April 1437 ein persönliches Notizbuch anlegte. Der Deutungen von Friedrichs Vokalreihe (Friedrichs Monogramm mit AEIOU links) gibt es viele, etwa »Austria

erit in orbe ultima« (Österreich wird ewig sein), »Austriae est imperare orbi universo« (Es ist Österreichs Bestimmung, die Welt zu beherrschen), »Alles Erdreich ist Österreich untertan« oder »Auf Erden ist Österreich unsterblich«.

Nun zur Zahlensymbolik: Nimmt man die Buchstabensumme von AEIOU erhält man 51, in römischen Ziffern LI, was zugleich ein chinesisches Längenmaß ist, nämlich 644,4 Meter. Addiert man nun die 51 zu der Jahreszahl 1439 (zur Erinnerung: AEIOU auf der Sandsteintafel an der Ruprechtskirche) erhält man 1490, das Todesjahr von Matthias Corvinus (von lat. corvus: der Rabe). Eine Legende besagt, dass Corvinus, dem Eroberer weiter Teile der habsburgischen Erblande, die er von 1485 bis zu seinem Tode von Wien aus beherrschte, während einer Jagd von einem Raben der Ring geraubt wurde. Er schoss das diebische Tier ab und erlangte so das Schmuckstück, welches von hohem ideellen Wert für ihn gewesen sein dürfte, wieder.

Und jetzt kommen wir endlich zum Punkt: Nimmt man einen Zirkel und geht damit von der Wiener Ruprechtskirche zu einer der umliegenden Kirchen (zum Beispiel Karmeliterkirche), zieht dann einen Kreis (Symbol für Corvinus' Ring), sei festzustellen, dass auf selbigem drei weitere Kirchen zu finden sind, nämlich die Schottenkirche, die Michaelerkirche und die Franziskanerkirche – der Radius soll 644 (zur Erinnerung: das chinesische Längenmaß LI und gleichzeitig die Buchstabensumme von AEIOU in römischen Ziffern) Meter betragen. Und verbindet man nun die vier Kirchen (ohne Ruprechtskirche) mit Linien, erhält man ein »Drachenviereck« (gleich dem Gebilde, das Kinder im Wind steigen lassen).

(Quelle: Schilddorfer & Weiss: Ewig. München: Langen Müller Verlag 2009).

Mein »Zirkeltest« ergibt allerdings eindeutig, dass die Michaelerkirche nur mit einem zugedrückten Auge und die Schottenkirche gar nicht auf dem Kreis liegen.

Aber man kann jetzt natürlich noch weiter recherchieren und immer komplexere Zusammenhänge herstellen:

König Siegmund (später Kaiser) von Ungarn gründete im Jahre 1408 die »Gesellschaft vom Drachen«. Aus dieser Zeit existiert ein

Textilstück (wahrscheinlich der Rest einer Robe aus dem Besitz des Drachenordens, eventuell sogar von Siegmund selbst). In die Mitte des Stoffes ist nachträglich »a.e.i.o.u./1444« appliziert. Erwiesenermaßen trat der Vater von Friedrich III. 1409 dem Drachenorden bei. Ob Friedrich selbst Mitglied dieser Gesellschaft war, ist nicht bekannt, wird aber angenommen. Der Stoff wurde 1831 aus der Sakristei der Georgskapelle der Wiener Neustädter Burg (zur Erinnerung: auch hier fand man das Motto AEIOU) in die Schatzkammer übernommen und ist heute im Kunsthistorischen Museum in Wien ausgestellt.

Zuletzt noch zu den Wiener U-Bahn-Linien: Haben Sie sich eigentlich schon einmal gefragt, warum es in Wien keine U5 gibt?

Im Zuge der U-Bahn-Konstruktionen gab es zwar immer wieder Pläne dafür, aus den verschiedensten Gründen wurde diese Linie aber stets zurückgestellt und kam daher nie zur Ausführung. Die ursprünglich vorgeschlagene Streckenführung sah wie folgt aus:

Hernals – Alser Straße – Landesgericht – Schottentor – Schottenring – Taborstraße – Praterstern – Ausstellungsstraße – Stadion – Stadlauer Brücke. Doch relativ bald wurde bemerkt, dass die Linie nicht in vollem Ausmaß realisierbar war. Bis heute ist es nicht gelungen, Wien um die fehlende U-Bahn-Linie zu erweitern. Und das, obwohl in der christlichen Zahlensymbolik die Fünf »Vereinigung« bedeutet.

Steht die Zukunft in den Zahlen?

Neben der praktischen, kulturellen, religiösen und auch künstlerischen Bedeutung der Zahlen gibt es auch noch eine esoterische, beispielsweise im Tarot. Ebenso spielt die Zahlensymbolik auch in der Astrologie, die eng mit der Numerologie verknüpft ist, eine Rolle – in beiden »Wissenschaften« ist jedenfalls das Geburtsdatum sehr wichtig, in der Astrologie werden den einzelnen Sternzeichen zusätzlich dann auch noch »spezielle Zahlen« zugeordnet (wie auch Planeten, Tiere, Pflanzen, Steine, Metalle, Tage etc.).

Auch die Traumdeutung kommt ohne das Interpretieren von Zahlen nicht aus.

Hier nun eine kurze Übersicht:

	Symbolik im Tarot, je Stäbe; Kelche, Schwerter, Münzen	Symbolik in der Astrologie	Symbolik in der Traumdeutung/ Entwicklungsmöglichkeit
1	Ass Handeln, Fühlen, Denken, Haben	Löwe: Autorität, Kraft, Luxus, Hochmut	Aufgabe, mit sich eins zu werden, Fähigkeiten auszubilden
2	Herrschaft / Ehrgeiz, Liebe / Suche, Frieden / Gleichgewicht, Wechsel / Prüfung	Kein Sternzeichen zugeordnet	Widersprüchlichkeiten in eigener Persönlichkeit; Beziehungen müssen mit Umsicht behandelt werden
3	Tugend / Wachsen, Fülle / Freude, Kummer / Unsicherheit, Arbeit / Gewinn	Schütze: Idealismus, Einsatzbereitschaft, Hochmut, Eitelkeit Fisch: Kunstsinn, Hingabe, Sucht, Verstellungskunst	Gegensätzlichkeiten, Stabilität und Erfolg
4	Vollendung / Vervollständigung, Üppigkeit / Sehnsucht, Waffenruhe / Besinnung, Macht / Versorgung	Wassermann (auch Zahlen 8 und 10): Intuition, Aufgeschlossenheit, Wankelmut, Unzuverlässigkeit	Ausgeglichenheit, Sinnlichkeit; ein sicheres Zuhause kann geschaffen werden
5	Streben / Bedrängung, Enttäuschung, Niederlage / Schwäche, Quälerei / Erniedrigung	Zwilling: Diplomatie, Anpassungsfähigkeit, Unstetigkeit Jungfrau: Nüchternheit, Ordnungsliebe, Berechnung, Sturheit	Bedürfnisse, Körperbewusstsein; wichtige Entdeckung kann für Veränderung sorgen
6	Sieg / Angriff, Genuss / Besinnung, Wissenschaft / Ideen, Erfolg / Geschenk	Stier: Realismus, Durchhaltevermögen, Eigensinn, Berechnung Waage: Menschlichkeit, Fürsorge, Snobismus, Wankelmut	Harmonie; kann vor Krankheit warnen; Möglichkeit einer Liebesbeziehung

7	Tapferkeit / Mühe, Verderbnis / Illusion, Vergeblichkeit / Versuch, Fehlschlag / Verteidigung	Krebs: Intuition, Sensibilität, Introvertiertheit, Melancholie	Einfluss kosmischer Energien, Entwicklung; mit Einsatz können Probleme gelöst werden
8	Schnelligkeit / Kraft, Trägheit / Rückzug, Einmischung / Wahrheit, Umsicht / Erfolg	Steinbock: Geduld, Beharrlichkeit, Starrheit, Rachsucht	Ende von Not und Sorgen; Potenzial für große Chance
9	Stärke / Verzögerung, Freude / Zufriedenheit, Grausamkeit / Einschränkung, Gewinn / Wohlstand	Widder: Willensstärke, Unabhängigkeit, Unterjochung, Despotie Skorpion: Zähigkeit, Furchtlosigkeit, Sucht, Pessimismus	Ende einer Entwicklung, neue Phase beginnt; man darf sich nicht übernehmen
10	Unterdrückung / Verausgabung, Sattheit / Wunscherfüllung, Untergang / Überleben, Reichtum / Würde	Kein Sternzeichen zugeordnet	neue Ziele unter Berücksichtigung der Erfahrung; große Chance auf Erfolg

TIPP

Symbolik im Tarot
http://www.esotericon.de/kartenlegen_06-tarot-deutung.html
Symbolik in der Astrologie
http://www.spiritproject.de/astro/sternzeichen/
Symbolik in der Traumdeutung
http://www.traumdeuter.ch/texte/7503.htm

Das Experiment mit der Numerologin

An einem eisig kalten Tag im Jänner 2010 stehe ich an der Bahnstation Josefsplatz in Baden bei Wien und warte auf die Ankunft der Numerologin Maria Paukner.

Als sich in meinen Fingern und Zehen langsam ein Gefühl von

Taubheit breitzumachen beginnt, fährt endlich der Zug ein. Eine Minute später steigt eine Frau um die 60 mit kurzem schwarzen Haar aus, bekleidet mit – wie wenige Tage zuvor am Telefon angekündigt – schwarzem Rock, weißer Steppjacke und roten Schuhen. Ich eile auf Maria zu und dränge sie, bereits halb erfroren, nach kurzer Begrüßung sofort in das nächste Kaffeehaus. Wir bestellen beim heranschlurfenden Kellner Kaffee und Wasser, danach beginnt die Numerologin zu erzählen.

Ich erfahre, dass es sich bei ihrem »Zahlenjob«, den sie mittlerweile neben dem als Reiki-Therapeutin hauptberuflich ausübt, keinesfalls um eine Form der Wahrsagerei handle. Es ginge nicht darum, in die Zukunft zu blicken, wie das die Menschen mit den »Kristallkugeln« (heute dienen meist Karten als Hilfsmittel) tun, die behaupten, in der Akasha-Chronik (Vorstellung eines übersinnlichen »Buch des Lebens«, das in nicht-materieller Form ein allumfassendes Weltgedächtnis enthält, Aufzeichnungen von allem, was war, ist und je sein wird) lesen zu können. Die Numerologie zeige lediglich, ähnlich wie die Astrologie, die momentane Situation und Tendenzen der »Lebensentwicklung« auf und verrate einiges über Stärken und Schwächen eines Menschen.

Maria: »Ich bin nicht interessiert daran, was die Zukunft bringt. Die Zahlen, die ewiges, mystisches Wissen beherbergen, sind eine reale Größe, der Bauplan der Welt, mit ihrer Hilfe kann ich auf den Ist-Zustand eines Lebens aufmerksam machen, Möglichkeiten notwendiger Veränderungen aufzeigen und verborgene Talente erkennen.«

Ein Funkeln in den Augen der Numerologin verrät mir, dass es sie drängt, mich in die Kunst der Zahleninterpretation einzuweihen, und so teile ich ihr mein Geburtsdatum mit: 9.8.1968.

Sogleich werden eifrig jede Menge Ziffern auf ein Papier gekritzelt, fünf Minuten später erfahre ich, welche Eigenschaften mich kennzeichnen: Ich sei ungeduldig, rebellisch, gerecht und spirituell. Also ungeduldig stimmt auf jeden Fall, rebellisch bin ich sicher nicht aus Prinzip (auch wenn ich mich nicht unbedingt als angepasst bezeichnen würde), sondern nur dann, wenn mir etwas wirklich gegen den Strich geht, gerecht passt zu 100 Prozent, Spiritualität hätte ich allerdings noch keine bemerkt. »Du brauchst viel Freiheit und magst keine Veränderungen«, ergänzt die Numerologin ihr Charakterstudium. Freiheit benötige ich wohl in völlig normalem Umfang, denke ich, Veränderungen sind mir in der Tat verhasst (ich bin zum Beispiel echt irritiert, um nicht zu sagen sogar etwa eine Minute lang wie gelähmt und nicht beschlussfähig, was Alternativen betrifft, wenn in einem Lokal mein Stammplatz besetzt ist).

Maria fährt fort und erklärt mich zur »Dramaqueen«, da ich eine doppelte Acht, die in der Numerologie u. a. »Schicksal« bedeutet, in meinem sogenannten Plan der Seele (dazu später mehr) habe. »Eine doppelte Zahl ist immer mühsam«, erklärt Maria, »weil die eine die andere behindert und sogar aufheben kann. Während ich darüber nachdenke, ob mein Schicksal es jetzt doppelt gut oder doppelt schlecht mit mir meint oder es sich aufhebt und ich gar keines habe – was ja wirklich ein Drama wäre –, plaudert die Numerologin weiter: »Noch dazu hast du auch viele Nullen – die Acht ist ja nichts anderes als eine Doppel-Null, sie steckt außerdem in der Neun und in der Sechs, also insgesamt sechs Nullen – und eine Bedeutung der Null ist ›Chaos‹. Und viele davon bedeuten wieder Drama! Allerdings entsteht viel Neues aus einem Chaos, da sind einige Möglichkeiten offen!« Fein, jetzt fühl ich mich viel besser.

Maria lacht. Mir ist gerade nicht danach! Es geht weiter: »Du bist sehr kopflastig, der Verstand ist überpräsent. Allerdings verhindert das teilweise, dass du zugunsten von Konfliktvermeidung nicht immer sagst, was du denkst! Acht bedeutet aber auch ›Sprache‹, darin bist du wirklich gut.«

Es stimmt sicher, dass ich sehr kopflastig bin (daher ja auch wenig spirituell, wie ich meine), es stimmt auch bedingt, dass ich mir oft gewisse Äußerungen verbeiße und zurückstecke, um Streit zu vermeiden (wie passt das aber zu meinem zuvor von Maria erwähnten Rebellendasein?). Acht und Sprache – Bingo! Endlich! Außerdem sei eine Bedeutung der Fünf »Handlung«, und der Vier »Buch« – jetzt ist alles klar: Sprache – Handlung – Buch … Ich sollte Bücher schreiben!

»Die Natur ist ein gutes Ventil für dich, ich rate dir auch, öfter Ruhepausen einzulegen, das wäre wichtig«, ist die Numerologin weiter in ihrem Element. »Durch deine Kopflastigkeit bist du manchmal ein wenig ängstlich, daher solltest du die Stille suchen, um dich zu sammeln.« Ängstlich? Ich? Nein! Doch die Stille ist mir tatsächlich heilig, da ich recht empfindlich auf Lärm reagiere. Aber ob ich mich dort sammle oder nur meine Ohren schone, weiß ich nicht so genau. Ruhepausen? Na gut, die können nie schaden.

Und dann wird noch eine Zahl nachgereicht: »Die Drei – die ja in der Acht je zweimal und somit viermal vorhanden ist – bedeutet übrigens ebenfalls u. a. ›Sprache›. Das ist eindeutig dein Talent.« Okay, ich bin überzeugt.

Zusammenfassend erfahre ich über mich, dass ich ein stabiles Fundament habe, eine gute Absicherung vom Herzen her, doch der Verstand verhindere, dass sich das Vertrauen in der Wahrheit durchsetzen könne.

Mein Plan der Seele:

9 8 6	Die obere 8 ist der Kopf (der Ursprung), von dieser zur 4
8 5	verläuft das Rückgrat, von der 9 zur unteren 8 und von der
4	6 zur 5 die Seitenachsen, die 4 ist der Fuß (das Ziel).

! TIPP

Buchtipp von Maria Paukner: Stelzner, Michael: Die Symbolik der Zahlen. Preußisch Oldendorf: Verlag für außergewöhnliche Perspektiven 1997.

Mittlerweile gut durchgewärmt, doch leicht irritiert, weil die gute Frau doch mehr Treffer landen konnte, als ich geglaubt hatte, frage ich nach, warum gerade das Geburtsdatum eine so große Bedeutung für das Leben eines Menschen habe, da es sich in meinen Augen um Zufall handelt, wann man gezeugt und dann geboren wird.

»Nein, kein Zufall!«, widerspricht die Numerologin. »Im Geburtsdatum zeigen sich der Lebensplan, das geistige Potenzial und die Entwicklung. Und das hat nur mit einem selbst zu tun – im Gegensatz zu Veranlagungen oder Eigenschaften, die aufgrund der Genetik auch Teil der Vorfahren sind. Und jedes Lebewesen, also seine Seele, sucht sich den Tag seiner Geburt selbst aus und setzt somit den Grundstein für sein weiteres Dasein.«

»Und wenn zum Beispiel aus medizinischen Gründen die Wehen früher eingeleitet werden müssen? Oder wenn Frauen, das ist ja heutzutage schon möglich, sich den Tag der Geburt aussuchen, sich also für den geplanten Kaiserschnitt entscheiden?«, frage ich skeptisch nach. »Dann sucht sich die Seele diesen Umstand ebenfalls selbst aus bzw. ist damit einverstanden, sonst würde beides nicht passieren oder funktionieren.« Manche Menschen haben doch auf alles eine Antwort, denke ich.

Nachdenklich betrachtet Maria Paukner den Zettel mit meinem Seelenplan, der immer noch auf dem Tisch liegt. »Wir hatten schon einmal miteinander zu tun, in einem früheren Leben«, murmelt sie, »durch die Zahlen Acht und Neun, die auch bei mir vorkommen, haben wir eine gemeinsame, schicksalhafte Aufarbeitung vor uns.«

Ich weiß nicht genau, was ich darauf antworten soll. Die Numerologin ist mir sehr sympathisch, ich will auch nicht leugnen, dass ich von Anfang an das Gefühl hatte, sie von irgendwoher zu kennen. Aber mit der Behauptung einer »Bekanntschaft aus einem früheren Leben« oder der »gemeinsamen, schicksalhaften Aufarbeitung« kann ich nicht wirklich viel anfangen. So viel zu meiner Spiritualität. »Vielleicht schreiben wir gemeinsam ein Buch«, schlägt Maria vor. Nun, wir werden sehen, ob dieser Gedanke Realität werden kann.

»Und wie ist das mit dem Namen eines Menschen?«, will ich jetzt wissen. »Jede Zahl hat generell verschiedene Aussagen«, erklärt die Numerologin, »und die des Namens strahlen auf die Zahlen des Lebensplanes und vice versa aus. Außerdem beeinflusst jede Zahl immer auch die benachbarte, die ja nicht immer dieselbe ist – in deinem Nachnamen zum Beispiel steht das ›A‹, also die Eins, einmal zwischen dem ›H‹ und dem ›S‹, weiter hinten zwischen dem ›M‹ und dem ›N‹. Somit wirken verschiedenste Energien aufeinander, und das macht die Deutung des Namens sehr spannend.« Schade, denke ich, dass wir dafür keine Zeit mehr haben.

Abschließend möchte ich noch erfahren, mit welcher Zahlensymbolik Maria Paukner arbeitet.

»Ich benutze das System von Cheiro, das sich im Wesentlichen auf die Kabbala stützt – so wie eigentlich die meisten Numerologen. Es ist das einfachste und kürzer als die Rechnungsart der Bibel.«

Cheiro (1866–1936) war ein weit gereister adeliger Okkultist und Autor zukunftsdeutender Werke, der sich als Hellseher bezeichnete und die Handlesekunst (damit verblüffte er u. a. Mark Twain, Sarah Bernhardt, Mata Hari, Oscar Wilde und Thomas Edison), die Numerologie und die Astrologie zu einem System der Vorhersage verband und dabei, so sagt man, zu außerordentlich treffenden Resultaten kam.

Maria Paukner: »Cheiro verglich die religiösen Lehren der Brahmanen, Chaldäer, Ägypter und der Bibel und entdeckte dabei deren Gleichheit in Bezug zu allgemeinen Zeitabläufen. Er nannte die Zahlen 1 bis 9 als Basis der Zahlenordnung. Und das gilt immer schon und überall unter den Völkern und Menschen dieser Welt.«

TIPP

Buchtipp von Maria Paukner: Hamon, Cheiro und Louis Count: Das Buch der Zahlen – das klassische Werk der mantischen Numerologie. Bauer Hermann Verlag, Freiburg 1997 (10. Auflage).

Kontakt zur Numerologin Maria Paukner unter 0699/17 85 46 78.

»Ich lehre das Ja zu allem, was Kraft aufspeichert.«

Friedrich Wilhelm Nietzsche (1844–1900),
deutscher Philosoph

Wo die Kraft zu Hause ist

Schon der Astrologe Dr. Johann Faust, der nicht nur ein Fantasiegeschöpf Goethes war, sondern nachweislich Anfang bis Mitte des 16. Jahrhunderts gelebt hat, wusste: »Ist es der Sinn, der alles wirkt und schafft? Es sollte stehen: Im Anfang war die Kraft!«

Jedes Lebewesen hält sich, wann immer es Zeit und Möglichkeit zulassen, bevorzugt dort auf, wo es sich wohl und geborgen fühlt, Kraft tanken und entspannen kann. Sogar Pflanzen bestimmen, wo sie wachsen wollen, und wechseln das Revier in einer der nachfolgenden Generationen, wenn die Bedingungen nicht mehr passen. Zugegebenermaßen sind Hauspflanzen sehr benachteiligt, denn die können nicht wählen, an welcher Stelle sie ihr Dasein fristen – sie zeigen ihr Missfallen aber deutlich, indem sie einfach nicht gedeihen oder sogar eingehen. Haustiere haben es leichter, die dürfen sich ihre Platzis aussuchen (mein Hund zum Beispiel liegt am liebsten hinter der Couch, unter dem Schreibtisch und vor dem Bett).

Und auch der Mensch hat ein gutes Gespür, wenn es um das Erreichen von Wohlbefinden an bestimmten Plätzen geht – gemeint ist in der Natur, denn wenn er in seinen eigenen vier Wänden nicht entspannen kann, hat er grundsätzlich ein Problem.

Und wer sich bei der Suche nach »Kraftorten« nicht auf seinen Instinkt verlassen will, kann sich mittels einschlägiger Quellen über solche Lokalitäten informieren.

Es gibt daher grundsätzlich zwei unterschiedliche Zugänge zu diesem Thema:

- allgemein: »Kraftorte«, die als solche »ausgewiesen« sind

> **TIPP**
>
> Nähere Infos auf http://www.kraftort.org oder in Cerny, Christine: Magisch Reisen – Österreich. Wilhelm Goldmann Verlag, München 1992.

- individuell: Entdeckung von Plätzen, an welchen man Energie sammeln kann, bzw. Stellen, wo man sich deshalb wohl fühlt, weil diese mit positiven Erinnerungen besetzt sind.

Ein hervorhebenswerter »allgemeiner Ort der Kraft« ist der Heidenstein im oberösterreichischen Mühlviertel, ein Felsengebilde aus grobem Weinsberger Granit, das schon vor Tausenden Jahren als Treffpunkt der hier lebenden und durchziehenden Völker genutzt wurde. Er ist von Eibenstein aus über einen Chakra-Wanderweg zu erreichen, der die Energiezentren des Körpers harmonisieren und auf die spezielle Energie des Ortes vorbereiten soll. Im oberen Bereich des Steins, dem eine heilende Wirkung nachgesagt wird, befinden sich drei immerzu mit Wasser gefüllte Schalen. Sollten diese austrocknen, so die Legende, gehe die Welt unter.

TIPP

Nähere Infos auf http://www.heidenstein.at

Gleichgültig ob allgemeiner oder individueller Kraftort: In beiden Fällen ist es natürlich wichtig, dass man auf sein Gefühl vertraut und den positiven Einfluss von außen auf Körper und Geist zulässt.

»Dein Kraftort ist dort, wo du laut denken kannst.« (Andreas Tenzer, geb. 1954, deutscher Philosoph und Pädagoge)

Zur richtigen Zeit am richtigen Ort

Ein Beispiel für individuelles Empfinden aus meiner Kindheit:

Mit neun Jahren sind meine Eltern und ich umgezogen, in ein großes Haus mit großem Garten, in dem ganz hinten, neben einigen Rosenhecken, drei riesige Föhren standen. Obwohl ich als Kind noch keinen rechten Zugang zu Pflanzen hatte, wurde dieser kleine Platz inmitten der hohen Bäume, er hatte einen Durchmesser von etwa fünf Metern und war relativ dunkel, mein absolut liebster Aufenthaltsort.

Natürlich wusste ich damals noch nichts über »die Macht des Dreiecks«. Ich vermute, dass ich mich aufgrund der Abgeschlossenheit vom übrigen Garten und der damit verbundenen Stille dort einfach geborgen fühlte.

Ein anderes Beispiel aus meiner Familie:

Meine Mutter hatte einmal eine Zeit, in der es ihr seelisch nicht gut ging. Sie hoffte, durch einen Tapetenwechsel auf andere Gedanken zu kommen, und fuhr nach Kärnten, wo meine Großmutter lebte. Doch auch nach einigen Tagen Aufenthalt war die Stimmung meiner Mutter nicht besser geworden, eher im Gegenteil. Da schnappte sich meine Oma ihre Tochter und fuhr mit ihr an den Wörthersee, da sie dachte, mit dem Ausflug würde sie ihr eine Freude machen. Kaum befand sich meine Mutter am Wasser, ließ sie sich dort auf eine Bank fallen und starrte auf die sanften Wellen, ohne in den nächsten zwei Stunden ein Wort zu sprechen. Als meine Großmutter dann ungeduldig wurde, weil niemand mit ihr plauderte, und zum Aufbruch drängte, sah meine Mutter sie an und sagte: »Ja, wir können fahren, es geht mir wieder gut!« Und noch heute macht sich meine Mama, wenn sie angespannt, nervös oder traurig ist, sofort auf den Weg zu einem See, um aufs Wasser hinaus zu schauen, da sie dort ihre innere Ruhe stets wiederfindet.

Ob die wohltuende Wirkung etwa »nur« auf das vielleicht hypnotische Gluckern der Wellen zurückzuführen ist oder positive Erlebnisse in Verbindung mit einem Gewässer in der Erinnerung abgespeichert sind, ist dabei eigentlich egal und somit auch keine Interpretationssache.

Bei »dokumentierten« Orten der Kraft, die »offiziell« als Rückverbindung des Menschen mit der Natur und Gott gelten, kann man allerdings annehmen, dass es eine zeitliche Abfolge, ihre Aufgabe und Funktion betreffend, gibt.

Plätze wie Quellen, Berge, ungewöhnliche Felsformationen, Wasserfälle, Waldlichtungen oder besondere Erdenergien wurden von den Menschen schon vor Tausenden von Jahren entsprechend markiert, durch Holzpfähle, Steinhaufen oder Tierfelle (Totems). Daraus erwuchsen später Steinkreise, Menhire (auch »langer Stein« genannt, laienhaft auch Hinkelstein, wie Obelix einen auf dem Rücken trägt) oder Steinreihen. Diese Anlagen sind von den Schamanen, Druiden oder Priestern zu astronomischen Berechnungen verwendet worden und dienten als Sonnen-, Mond- und Sternobservatorien. Das Wissen, das dort gespeichert und erweitert wurde, nennt man die »Heilige Geometrie«, die sich in Bauwerken wie den Sonnenpyramiden von Mexiko, den Pyramiden von Gizeh oder den Steinkreisen von Stonehenge widerspiegelt.

Punkte, Linien und geometrische Formen

Neben den Kraftorten gibt es auch noch Kraft- oder Energielinien, sogenannte Ley Lines (altengl. »ley«: Lichtung, Rodung), die erstmalig 1921 von dem britischen Hobby-Archäologen Alfred Watkins erwähnt wurden, der dafür auch den Begriff Alignments (engl.: geradlinig angeordnete Objekte) prägte.

1962 gründeten die Autoren Philip Heselton und Jimmy Goddard den »Ley Hunter's Club« und publizierten das »Ley Hunter Magazin«. 1979 erschien der »Ley Hunter's Companion« von Paul Devereux und Ian Thompson, ein Führer zu britischen Alignments im Sinn von Watkins' seinerzeitiger Definition. Dem Buch lagen eine detaillierte Feldforschung und ein ausgedehntes Kartenstudium zugrunde; es wurden über 7000 Kilometer zurückgelegt und mehr als 300 veröffentlichte Leys untersucht. Es konnte bewiesen werden, dass die meisten dieser Linien den Namen zu Unrecht trugen, hoffnungslos ungenau waren oder manchmal schlicht nicht existierten.

Hier nun die drei gängigsten Erklärungen für die Existenz der Leys:

- Linien weisen auf ein steinzeitliches System der Landvermessung hin, das auf astronomischen und religiösen Grundlagen beruht. Danach sollen die damaligen Experten mithilfe von Pfosten und Signalfeuern schnurgerade Handelswege über das Land angelegt und diese mit Steinen, Erdwerken und Wasserstellen gekennzeichnet haben. Einige jener Plätze sind später zu Kapellen, Steinkreuzen und Kirchen christianisiert worden.
- Linien stehen im Zusammenhang mit der Geomantie und der Radiästhesie (dazu später mehr), beziehen sich also zum Beispiel auf Erdstrahlungen oder Wasseradern. Ufologen wollen wissen, dass Ley Lines als magnetische Pfade den Außerirdischen zur Orientierung auf der Erde dienen.

- Linien sind statistisch zu erwartende zufällige Anordnungen von Punkten. Je mehr Punkte man zur Verfügung hat und je weniger genau diese auf einer Geraden liegen, desto mehr Linien kann man hindurch legen.

Paul Devereux zog außerdem noch in Betracht, allerdings erst 1992, dass es sich bei den Leys um Geisterwege (real nachgebaute Reisewege der Seelen, die von Schamanen in Trance »nachgeflogen« werden) oder Totenstraßen (rituelle Transporte Verstorbener zu ihrer Grabstelle) handelt.

Die Freunde der Naturgeister (dazu später mehr) sind der Meinung, dass sich auch Trolle der Kräfte dieser Linien bedienen, nämlich um damit gewaltige Distanzen innerhalb von wenigen Augenblicken zu überwinden, indem sie sich quasi »neben der Welt her« bewegen – es handle sich dabei angeblich um uralte Trollmagie. Erstmals soll der Stamm der »Tonkerompf« (die Dornenweber, die das Zwielicht kennen) das Wissen um dieses Fortbewegungsmittel errungen haben.

Weitere Linien »von Bedeutung«: Drachenlinien, Wachstumslinien, Medial- oder Beredsamkeitslinien etc.

TIPP

Zur Erklärung siehe http://landschaftstempel.com/html/lexikon.html

Daneben gibt es natürlich auch noch geometrische Formen, die unsere Befindlichkeit beeinflussen sollen.

Bekanntes Beispiel dafür ist natürlich das Dreieck (ich denke dabei wieder an die Föhren im Garten meiner Eltern, deren Mitte mittlerweile auch mein Vater als Ort der Entspannung nutzt).

Die Drei ist nicht nur im Feng Shui sehr beliebt, sondern spielt auch im Ayurveda (»Wissen vom Leben«, Bezeichnung für eine traditionelle indische Heilkunst, die mit den drei Doshas, den Lebensenergien Vata, Pitta und Kapha, arbeitet, die dem Menschen seine individuelle Konstitution verleihen und seine körperliche und geistige Funktion regulieren) und in der tibetischen Medizin (Drei-Säfte-Lehre) eine Rolle.

Das Dreieck ist das Symbol der dreifältigen Natur des Universums: Himmel / Erde / Mensch, Vater / Mutter / Kind, Körper / Seele / Geist u. v. m., es steht für Inspiration, Spiritualität, Weisheit, Kreativität, Selbstvertrauen, physische Kraft und absolute Harmonie.

Aber nicht nur Gutes geht von dieser geometrischen Form aus: Das wunderlichste und unheimlichste aller Dreiecke ist mit Sicherheit das allseits bekannte Bermuda-Dreieck – nein, nicht das in Wien, obwohl man sich und andere dort im Vollrausch bestimmt auch verlieren kann. Natürlich ist das Seegebiet im westlichen Atlantik, nördlich der Karibik, gemeint, in dem es mehrmals zu teilweise immer noch nicht endgültig geklärten Vorfällen, wie dem Verschwinden von Schiffen und Flugzeugen samt den Crews und Reisenden, gekommen ist.

Schon Christoph Kolumbus soll Ende des 15. Jahrhunderts von einem verrückt spielenden Kompass und einer aufs Meer stürzenden »Flamme« im Bermuda-Dreieck – die Bezeichnung entstand allerdings erst 1963 – berichtet haben.

Im Dezember 1945 ereignete sich der bestdokumentierte Fall von »Verschollen im Bermuda-Dreieck«: Flug 19, bestehend aus fünf Torpedobombern vom Typ TBF Avenger der US Navy mit insgesamt 14 Leuten an Bord, verschwand während eines Trainingsfluges vor der Ostküste Floridas spurlos und tauchte nie wieder auf. Erklärungsansätze gibt es viele, die Spekulationen reichen von Magnet-Anomalien, Infraschall oder, bedingt durch Wetterkapriolen, heftigen Stürmen und Riesenwellen. Was auch immer da für Kräfte wirken – positive sind es jedenfalls nicht.

Natürlich haben auch Quadrat und Kreis eine Bedeutung, allerdings keinen so spektakuläre Vornamen wie »Bermuda«.

Das Quadrat weist auf die irdische Existenz, auf statische Perfektion und die daraus folgende Unwandelbarkeit hin; es symbolisiert Beständigkeit und Zuverlässigkeit.

Der Kreis ist die Einheit für das Absolute, Vollkommene und damit Göttliche und bedeutet etwa Veränderung, Wachstum, Einfühlungsvermögen, Liebe und Familie.

Was Kreise seit 1997 allerdings auf Hausmauern und Straßen auf der ganzen Welt zu suchen haben, konnte bisher noch nicht geklärt werden: In rasch zunehmender Anzahl erscheinen in den USA, Kanada, England, Schottland, Österreich, Norwegen und Slowenien diverse kreisförmige Lichtzeichen (seltener Vierecke), wobei das Sonnenlicht von Fensterscheiben auf gegenüberliegende Häuserwände oder die darunterliegende Straße reflektiert. Wissenschaftler aus der ganzen Welt, darunter namhafte Physiker, beißen sich immer noch die Zähne an diesem Phänomen aus.

TIPP

Mehr dazu auf http://www.diewunderseite.de/lichtkreise/index.htm

Geomantische und radiästhetische Kraftortung

Die Geomantie (oder Geomantik), übersetzt »Weissagung aus der Erde«, gelangte im 12. Jahrhundert durch die lateinische Übersetzung arabischer Werke nach Europa und war in der Zeit der Renaissance eine beliebte Methode der Wahrsagung. Im 16. Jahrhundert wurde die Geomantie in unseren Breiten durch das Feng Shui (chinesische Lehre von den feinstofflichen Chi-Strömungen in der Erde, von ihren Wirkungen auf den Menschen, den Methoden sie zu finden und die menschlichen Bauten an sie anzupassen) beeinflusst.

Da es in Europa jedoch keinerlei kulturelle Tradition gibt, wird die heute »angewandte« Geomantie kaum mehr ernst genommen und ist im ursprünglichen Sinn komplett verschwunden.

Im Wesentlichen bezeichnet man mit der europäischen Geomantie die esoterische Lehre, die versucht, die Identität eines Lebensraumes, eines Ortes oder einer Landschaft zu erfassen und dieser durch etliche Gestaltungsmöglichkeiten individuellen Ausdruck zu verleihen. Es geht dabei um das Erkennen und Erspüren von »guten Plätzen«, deren Nutzung die Grundlage für ein gesundes und harmonisches Wohnen und Leben bildet. Oft wird auch der Kosmos, zum Beispiel die Planetenlinien, in die Erfassung miteinbezogen. Ein Geomant hat nun also die Aufgabe, »gute Orte« zu erkennen und sie mit dem Menschen in Einklang zu bringen.

Ein einflussreicher Vertreter der deutschen Geomantie war der ehemalige Pfarrer und Laienarchäologe Wilhelm Teudt. Sein Buch »Germanische Heiligtümer« rief 1929 ein enormes Interesse an geomantischen Zusammenhängen und an »alter germanischer Wissenschaft« hervor.

Die weitere Entwicklung der deutschen Geomantie in den 20er-, 30er- und 40er-Jahren ist eine deutliche Illustration der Tatsache, dass die »Kraft der Erde« absichtlich für politische Machtzwecke missbraucht wurde. Die Erkenntnisse von u. a. Teudt sind in der Forschungsgesellschaft »Ahnerbe« weitergeführt worden, die man 1939 in die SS eingegliedert hat. Heinrich Himmler zum Beispiel ist der Meinung gewesen, dass die Geomatie als eine Art politischer Magie den zentralen Schlüssel zur Beherrschung der Welt darstelle. Beim deutschen Vorstoß gegen Russland und den Osten wurden die »Wolfsschanze«, Adolf Hitlers Hauptquartier im Osten, ebenso wie der »Hochwald«, Himmlers Hauptquartier in Ostpreußen, nach geomantischen Gesichtspunkten angelegt. Beide Orte waren außerdem durch eine »Heilige Linie« miteinander verbunden, die nach Forschungen der Gesellschaft »Ahnerbe« schon dem Deutschritter-Orden im 13. und 14. Jahrhundert bekannt gewesen sein soll. Hitler erteilte außerdem noch den Auftrag, alle alten Kultplätze der Kelten und der Germanen zu kartografieren.

Nach Ansicht der modernen esoterischen Geomantie ist die ganze Erde mit globalen Gitternetzsystemen (GGN, auch »Curry-Gitter« genannt) überzogen, welchen man energetische Eigenschaften und damit biologische Wirksamkeit zuspricht.

Wissenschaftlich sind diese Annahmen jedoch nicht haltbar, Energieströme auf Gittern oder Linien konnten noch nie mit physikalischen Messinstrumenten nachgewiesen werden.

Die Radiästhesie (oder Radioästhesie), übersetzt »Empfinden von Strahlen«, wurde in Europa Mitte des 19. Jahrhunderts u. a. durch den Wiener Neurologen und Universitätsprofessor Moriz Benedikt bekannt, der Wünschelruten zum Auffinden von »pathogenen Orten« (Plätze, die Krankheiten oder Leiden auslösen) einsetzte. 1929 ging der deutsche Naturforscher Gustav Freiherr von einer für die Lebewesen auf der Erde schädlichen Strahlung aufgrund von unterirdischen Wasseradern aus. Und bis heute ist die Radiästhesie in ihrer Bedeutung die Lehre von der Strahlenwirkung auf Organismen.

Die Untersuchungen und Austestungen geschehen mittels einer paranormalen Gabe, also einer Feinfühligkeit für Strahlenempfindlichkeit, die eingesetzten »Messinstrumente« sind dabei die seit dem späten Mittelalter bezeugte Wünschelrute, die Einhandrute oder das Pendel.

Da diese Strahlung jedoch ebenfalls nicht wissenschaftlich nachzuweisen ist, wird auch die Radiästhesie den Para- oder Pseudowissenschaften zugeordnet (außer bei der belegbaren Wirkung ionisierender, teilweise auch nicht ionisierender Strahlung auf Organismen).

Die Radiästhesie gliedert sich in zwei Bereiche:

- die physikalische, bei der materielle Objekte wie die Körper von Lebewesen, Minerale oder Metalle untersucht werden; man geht dabei davon aus, dass allen physikalischen Objekten Schwingungen zugrunde liegen;
- die mentale, bei der feinstoffliche Phänomene, wie die Aura von Lebewesen, die menschliche Psyche oder Energiekörper, untersucht werden.

Des Weiteren erforscht die Radiästhesie Wasseradern und ihre Wirkung auf den Menschen, geologische Verwerfungszonen oder elektromagnetische Felder.

Zu dem bei der Geomantie erwähnten Gitternetzsystem existiert innerhalb der Radiästhesie bis heute eine kontroverse Diskussion: Die einen meinen, dass speziell die Gitterkreuze schädlich für Lebewesen sind, die anderen nehmen keine negativen Auswirkungen an.

Die österreichische Rutengängerin Käthe Bachler reduziert die Radiästhesie hingegen einzig und allein auf die Auffassung, dass es genüge, den »guten Ort« für zum Beispiel den Schlafplatz zu finden.

! TIPP

Anleitung zur Suche nach der perfekten Stelle in einem Wohnraum auf http://www.geo-energetik.de/derguteplatz.html oder in Bachler, Käthe: Direktsuche des guten Platzes. Np Buchverlag, St. Pölten 2004.

Ist besagter Raum dann auch noch nach dem Prinzip des Feng Shui eingerichtet, steht dem häuslichen Wohlbefinden eigentlich nichts mehr im Wege (zum Beispiel im Wohnzimmer: hell, Zentrum freilassen, wenig Dekorationsgegenstände, bei Sitzgruppen mehrere Einzelelemente aufstellen mit Lehne zur Wand, kleiner Tisch, runde Kanten bevorzugen etc.)

> **! TIPP**
> Mehr Infos dazu auf http://www.wohnen.de

Wenn einer eine Wallfahrt tut …

… dann kann er – was auch immer – erleben!

Eine Wall- oder Pilgerfahrt ist eine traditionelle Reise zu einer bestimmten Stätte, meist mit religiöser Bedeutung.

Schon die antiken Griechen und Römer suchten aus spirituellen Gründen häufig ferne Tempel auf und die Germanen unternahmen »Waldfahrten« zu heiligen Hainen (was mit der Christianisierung ab etwa dem 6. Jahrhundert aber verboten wurde).

Und was heute den Muslimen der Hadsch nach Mekka, ist den Christen die Reise zu den Schlüsselstationen des Lebens Jesu Christi, der Gottesmutter Maria oder eines Heiligen oder Märtyrers.

Symbolisch gesehen ist ein solcher Trip vor allem dafür gedacht, den Menschen in einen anderen persönlichen Seinszustand zu katapultieren (Läuterung, Erkenntnis, Bekehrung etc.), und hat v. a. eine hohe moralische Bedeutung. Manch ein Pilger glaubt auch daran, dass übernatürliche Mächte sich an den Zielorten besonders stark entfalten können. Nicht selten ist auch von »Wundern«, zumindest aber von »spirituellen Erlebnissen« die Rede. Ich vermute ja, dass die Menschen nach dem anstrengenden und wahrscheinlich auch etwas langweiligen Marsch erschöpft und geistig unterfordert sind, einen Antizivilisationsschock erleiden und aufgrund dieser Zustände vielleicht »weiße Mäuse« sehen.

Doch unbestritten war und ist eine Wallfahrt auf alle Fälle ein soziales Ereignis, es herrscht reger Austausch zwischen den Gläubigen und es entstehen Bekanntschaften und Freundschaften, da man sich notgedrungen näher kommt (v. a. in den meist notdürftigen Unterkünften, die man im Verlauf der Tour frequentiert).

Werden die Begriffe »wallfahren« und »pilgern« verschieden gebraucht, liegt der Unterschied bei den Rahmenbedingungen der Reise: Eine Wallfahrt ist dann eher traditionell-religiös und wird oft von kirchlicher Seite für eine Gruppe von Gläubigen organisiert, Pilgerreisen finden häufig auch individueller gestaltet statt, die Religion kann dabei in den Hintergrund treten. Oft genießen Pilger einfach nur, beim Marschieren in der Natur dem Stress zu entfliehen und Kraft sowie Inspiration zu tanken, oder hoffen, zurück zu sich selbst zu finden.

Außerdem haben sich die beiden Begriffe im Laufe der Zeit, was das Ziel betrifft, auch auf den weltlich-profanen Bereich ausgedehnt und so spricht man zum Beispiel davon, dass Elvis-Anhänger zur Besichtigung seines Hauses nach Graceland (USA) »pilgern«.

Wie auf der ganzen Welt gibt es auch in Österreich etliche Fans solcher »Urlaube vom Stress«, rund 40 Millionen Christen jährlich finanzieren mit ihrer Wallfahrt die Erhaltung der religiösen Stätten und Orte (ebenso wie die »normalen« Touristen).

Ein Beispiel dieser Art der Freizeitgestaltung ist der »Vierbergelauf« in Kärnten rund um St. Veit, der erstmals 1578 erwähnt wurde. Ausgangspunkt ist der Magdalensberg, dann geht es zum Ulrichsberg, zum Veitsberg und schließlich zum Lorenziberg. Der Lauf findet am zweiten Freitag nach Ostern, dem »Dreinagelfreitag« (benannt nach den drei Nägeln, mit welchen Jesus ans Kreuz geschlagen wurde), bei jedem Wetter statt, beginnt um Mitternacht und endet vor Sonnenaufgang. Die über 50 Kilometer lange Strecke, die mit einer Mette am Magdalensberg beginnt, entspricht in ihrem Richtungsverlauf der Sonnenbewegung. Die Wallfahrer nehmen unterwegs an fünf Messen und drei Andachten teil und von jedem Berg muss dabei bestimmtes Laub mitgenommen werden (Fichtenzweige, Efeu, Immergrün und Buchsbaumblätter – das Laub soll vor den Geistern, die auf den Anhöhen ihr Unwesen treiben sowie vor schlechtem Wetter schützen). Da man auf zwei von den Bergen keltische Heiligtümer fand und auf den anderen beiden solche vermutet, wurde der »Vierbergelauf« früher als ursprünglich heidnisch-keltischer Kult gedeutet. Heute wird er jedoch im historischen Umkreis der Karfreitagsprozession gesehen.

Der älteste Wallfahrtsweg Österreichs ist die Via Sacra von Wien nach Mariazell in Niederösterreich, auf der schon im Mittelalter die Pilger unterwegs waren. Auf einer Strecke von rund 120 Kilometern wandert man etwa vier Tage lang durch Wienerwald und Mostviertel. Stationen sind u. a. Heiligenkreuz, Klein-Mariazell, Hainfeld, Rohrbach, St. Veit, Lilienfeld, Türnitz, Annaberg, Josefsberg und Mitterbach.

Zu Mariazell selbst existiert folgende Gründungslegende: Als im Jahre 1157 der St. Lambrechter Mönch Magnus als Seelsorger in das Gebiet des heutigen Wallfahrtsortes geschickt wurde, trug es sich zu, dass ihm ein Fels unterwegs den Weg versperrte. Magnus stellte seine mitgebrachte Marienfigur aus Lindenholz nieder – und siehe da, diese spaltete den Fels und der Weg war frei. Auf einer Anhöhe in der Nähe ließ sich der Mönch nieder, deponierte die Marienfigur auf einen Baumstrunk und erbaute darüber eine Zelle aus Holz, die ihm als Kapelle und Wohnraum diente. Aus der »Maria in der Zelle« wurde später Mariazell.

Eine sehr beliebte Pilgerstrecke ist der österreichische Jakobsweg. (Das spanische Original, Camino de Santiago, bezeichnet den Weg zum Grab des Apostels Jakobus, der über die hochmittelalterliche Hauptverkehrsachse Camino Francés von den Pyrenäen bis Santiago de Compostela führt.) Der bekannteste und schönste Teil der Strecke in unserem Land führt auf einer Länge von etwa 50 Kilometern von Stift Göttweig nach Stift Melk. Man kann den Weg auch in Begleitung von Lamas zurücklegen, doch wer nun glaubt, er dürfe bei Erschöpfungserscheinungen die Tiere auch reiten, der irrt – sie dienen ausschließlich als Lastenträger. Pilgern war und ist nämlich mit »zu Fuß gehen« und »sich Blasen zuziehen« verbunden.

Eine weitere, beschwerliche Wallfahrt ist die etwa elf Stunden dauernde von Fusch im Salzburger Pinzgau über die Hohen Tauern nach

Heiligenblut in Kärnten, die jedes Jahr am Vortag von Peter und Paul (29. Juni) beginnt. Das Dorf Heiligenblut hat seinen Namen vom »heiligen Blut«, das geflossen sein soll, als ein heidnischer Händler in einer Kirche in Konstantinopel das Bildnis Jesu mit einem Messer durchbohrte (es handelte sich natürlich um den Lebenssaft des Erlösers, nicht um das Blut des Attentäters). Ein dänischer Edelmann, Briccius, wünschte sich zum Abschied von Kaiser Leon, der das Blut in einem Fläschchen verwahrte, eben dieses und nahm es im Jahre 914 mit auf seine Reise in die Heimat. Auf dem Weg dorthin wurde er jedoch von einer Lawine verschüttet. Bergbauern fanden die Leiche des Edelmannes, transportierten sie auf einem Ochsenkarren und begruben sie dort, wo die Tiere anhielten. Ein paar Tage nach der Beerdigung ragte Briccius Bein aus dem Grab, und das Fläschchen mit dem Blut, das sich Briccius aus Angst vor Diebstahl in die Wade hatte einoperieren lassen, wurde gefunden. Auf jenem Hügel wurde die Pfarrkirche Heiligenblut errichtet. Dem Antrag, Briccius heilig zu sprechen, wurde aus Mangel an Beweisen nie zugestimmt, was die Gemeinde nicht davon abgehalten hat, dem dänischen Edelmann eine eigene Krypta und einen Altar zu errichten.

Eine Besonderheit gibt es auch im Marienwallfahrtsohrt Maria Laach im Waldviertel, nördlich von Stift Melk. Auf einem Kraftweg gelangt man an einigen Steinhaufen vorbei zu der im 14. Jahrhundert erbauten Kirche, in der im linken Seitenaltar ein Bildnis der Mutter Maria mit einem sichtlich von der umstehenden Menge an Gaffern abgelenkten Jesuskind auf dem Schoß prangt. Die Dame schaut zu Recht ziemlich frustriert aus der prunkvollen Wäsche, denn ihre rechte Hand weist sechs Finger auf. Ob der Maler des Bildes aus dem Jahr 1440 nun sehbehindert war oder sich einen Scherz erlaubt hat, wird wohl nicht mehr geklärt werden können. Eine Legende besagt jedenfalls, dass man den überzähligen Finger nicht überpinseln kann, da er immer wieder erscheinen würde.

TIPP

Mehr zu Maria Laach auf http://www.kraftweg.at

Jetzt noch zu einigen weiteren Wallfahrtsorten und dazu, was Seltsames über sie berichtet wird:

In Niederschleinz (Niederösterreich), so wird vom Heimatforscher und Volkskundler Gustav Gugitz (1874–1964) berichtet, wurde in früheren Zeiten bei Dürre eine Quelle von sechs nackten Jungfrauen ausgeräumt (das »Brünndlräumen«).

Über Pusarnitz (Kärnten) wird erzählt, dass bei Dürre die Statue des »heiligen Mannes« (zur Erinnerung an einen Christen, der inmitten der damals heidnischen Bevölkerung einen gottesfürchtigen Lebenswandel führte und auch seine Anhänger zur Erfüllung der Christenpflicht anhielt) von einem unschuldigen Mädchen mit einem weißen Tuch gewaschen wurde. Daraufhin soll es immer zu regnen begonnen haben. Doch auch andersrum hat es der Legende nach funktioniert: Rieb man die Statue mit einem trockenen Tuch ab, schien rasch wieder die Sonne. Auch dieser Brauch existiert heute nicht mehr.

Was es allerdings immer noch gibt, ist das »Striezelwerfen« in Stein im Jauntal (Kärnten). Der Legende nach hat einst Paul, Markgraf von Kärnten, Hildegard zur Frau genommen, eine Christin von gleichem Adel. Als er selbst einmal durch den Krieg von daheim ferngehalten wurde, übergab er ihr die Obsorge über das Haus. Der Bruder des Grafen entdeckte währenddessen seine leidenschaftliche Liebe zu seiner Schwägerin und wollte sie verführen, was Hildegard empört ablehnte. Aus Wut und Scham beschloss der Zurückgewiesene, die Unschuldige bei der Rückkehr des Grafen der Untreue zu bezichtigen. Der Heimkehrende glaubte seinem Bruder, stürmte wütend ins Haus, packte seine Gemahlin und warf sie samt ihrer Dienerin beim Fenster hinaus. Paul dachte natürlich, dass beide Frauen zu Tode gekommen waren, da die Burg auf einem steilen Felsen über der Drau lag, erfuhr jedoch bald darauf, dass sie mit Gottes Hilfe überlebt hatten und zur Kirche des heiligen Laurentius getragen worden waren. Nur kurze Zeit später erblindete der Graf als Strafe für sein Verbrechen. Der reuige Mann begab sich auf eine siebenjährige Pilgerfahrt und starb kurz nach seiner Rückkehr, während Hildegard ihren Gatten um viele Jahre überlebte. Sie wurde über 100 Jahre alt und verschied nach Angaben alter Urkunden im Jahre 1024. Sie schenkte der Kirche zum heiligen Laurentius in Stein 18 Bauernbuben, aus deren Erträgnis sie jährlich zur Beschenkung der Notleidenden ihren Anteil beisteuern sollte. Diese Armenstiftung bestand hauptsächlich aus Brot, Speck und Wein. Die Spenden wurden zum Feste der heiligen Hildegard in feierlicher Weise geweiht und an Arme und sonstige Pilger verteilt. Zur Erinnerung an die einst so reiche Stiftung werden jetzt alljährlich, am 1. Sonntag im Februar, die »Agathenstriezel« (es handelt sich dabei um eine spezielle Brotsorte), denen man Heilkraft zuschreibt, vom Gang der Burg Altstein unter die Volksmenge geworfen.

! TIPP

Wallfahrtsorte weltweit auf http://de.wikipedia.org/wiki/Liste_von_Wallfahrtsorten, österreichische Schmankerln findet man in dem Buch Pfarl, Peter: Die schönsten Wallfahrtsorte Österreichs. Verlagsgruppe Styria, Wien 2004, oder in dem fünfbändigen Buch: Gugitz, Gustav: Österreichs Gnadenstätten in Kult und Brauch. Verlag Hollinek, Purkersdorf 1983 (das Original stammt aus dem Jahre 1955).

Kraftorte, Kraftsymbole, Kraftlinien ... Meiner Meinung nach ist die stärkste Kraft die des Glaubens an die eigene. Man sollte sich stets die Zeit nehmen, diese Kraft zu nähren, zum Beispiel an einem Ort, an dem man sich einfach wohl fühlt – und dabei spielt mit Sicherheit das subjektive Empfinden die einzig wichtige Rolle.

Das Experiment in St. Thomas am Blasenstein

An einem sonnig warmen Tag im Spätsommer 2009 machen sich Uschi und ich auf den Weg nach St. Thomas am Blasenstein im oberösterreichischen Mühlviertel. Allerdings ist unser Ziel nicht unbedingt der Besuch beim »luftg'selchten Pfarrer« – hierbei handelt es sich um einen natürlich mumifizierten Leichnam, vermutlich den des Pfarrvikars Franz Xaver Sydler de Rosenegg (1709–1746), der für die Bekanntheit des Ortes weit über die Landesgrenzen hinaus verantwortlich ist. Nein, wir wollen zur »Buchlwehluck'n« (auch Blasenstein genannt). Es handelt sich dabei um einen gespaltener Felsbrocken, dessen »magische

Kräfte« Linderung bei Kreuzschmerzen und Rheuma versprechen, außerdem soll man dort seine Sünden abstreifen können.

Wir sind um 11 Uhr mit Frau Regina Hürner, der Obfrau des Tourismusverbandes, im Gasthof Ahorner am Marktplatz des Tausend-Seelen-Ortes verabredet. Mit einer kleinen Verspätung erreichen wir das auf 700 Metern Seehöhe gelegene Kleinod St. Thomas und begrüßen Frau Hürner, die bereits bei Kuchen und Kaffee auf uns wartet.

Wir plaudern ein bisschen, lassen uns das Essen schmecken und besprechen dann die Route, die wir durch den Ort nehmen werden. Um 13 Uhr will Bettina Hodanek, eine junge Frau, die bereits seit vielen Jahren an rheumatischen Beschwerden leidet, samt ihrer Familie zu uns stoßen. Die Zeit vergeht wie im Fluge und da kommt auch schon ein munteres Grüppchen, bestehend aus zwei Erwachsenen und vier Kindern, auf uns zu – Familie Hodanek ist eingetroffen.

Wir machen uns als Erstes auf den Weg zur »Buchlwehluck'n«, wo sowohl Uschi, die Probleme mit ihrem Rücken hat, als auch Bettina Hodanek von Ost nach West durchschlüpfen werden.

Nach nur wenigen Minuten Gehzeit erreichen wir besagten Granitblock, der auf einer zwölf Meter langen und sechs Meter breiten, abgerundeten Felsplatte leicht erhöht über St. Thomas thront. Wir steigen zu dem Felsen hinauf, während uns Regina Hürner erklärt, dass am Eingang zum Spalt eine starke Radonstrahlung nachzuweisen ist.

Bettina kraxelt als Erste in die schmale Felsritze, danach quält sich Uschi durch, gefolgt von den Kindern, während ich mich vor dem riesigen Stein auf eine Bank setze und belustigt beobachte, wie einer nach dem anderen sämtliche Gliedmaßen verrenkt, um sich durch den Spalt quetschen zu können. Vor allem Uschi mit ihren langen Beinen tut sich etwas schwer und bleibt inmitten des Steines beinahe stecken – und während sie vor Anstrengung keucht, schnappe ich nach Luft vor Lachen. Auch nach Aufforderung der anderen verweigere ich das Prozedere, da ich befürchte, dass mir das Kreuz spätestens dann sicher weh täte, wenn ich mich in dem Granitbrocken dermaßen verbiegen müsste – und das wäre ja das Gegenteil von dem gewünschten Effekt. Bettina allerdings durchquert den Felsen sicherheitshalber gleich ein zweites Mal. Dann machen wir uns auf den Weg zum »luftg'selchten Pfarrer«, den sich Uschi unbedingt ansehen will. Ich bin wenig begeistert von dem Anblick einer runzeligen Mumie und werfe daher nach Erreichen deren Behausung, einem schmalen Schaukasten in der Gruftkammer oberhalb der Wallfahrtskirche von St. Thomas, nur einen kurzen Blick auf Franz Xaver, bevor ich mich wieder an die Frischluft zu Familie Hodanek begebe. Danach steige ich mit Regina Hürner über einige Treppen noch etwas höher bis zum »Oberen Burgstall« auf 722 Metern Seehöhe und genieße den Ausblick über das sanfte Hügelland des Mühlviertels. Auf dem Grasplatz zeugen zwei Lichtschalen von einer vorchristlichen Kultstelle, auch eine Burg hatte einst hier gestanden. In der Steinzeit war diese Stelle von Jägern genutzt worden, was zahlreiche Funde belegen.

Ich hebe einige orangefarbene Steinsplitter auf, von welchen mir die Tourismusobfrau versichert, dass dies Mauerreste der Burg seien, die sich durch Wind und Wetter immer wieder hier finden würden, und stecke sie in meine Westentasche.

Wir marschieren zurück, sammeln Uschi und die anderen ein, die vor der Kirche auf uns warten, und gehen Richtung Ortskern. Wir besichtigen noch einen Wackelstein beim Haus »Markt 26«, danach verabschieden wir uns von unserer Führerin Bettina Hürner und von der reizenden Familie Hodanek und machen uns wieder auf den Weg nach Hause.

TIPP

Mehr zu St. Thomas am Blasenstein in: Habeck, Reinhard: Wundersame Plätze in Österreich. Verlag Carl Ueberreuter, Wien 2007.

Einige Tage nach unserem Besuch bei der »Buchlwehluck'n« erhielt ich dieses E-Mail von Bettina Hodanek:

»Meine Familie und ich waren von unserem Ausflug nach St. Thomas ganz begeistert. Obwohl ich schon einmal dort gewesen bin, ist es dieses Mal etwas Besonderes gewesen, weil wir auch noch ein paar geschichtliche Hintergründe bekamen. Vielen Dank dafür!

Meine Eindrücke: Schon während der Fahrt mussten wir die unendlich vielen Fragen unserer Kinder zu diesem seltsamen Ort beantworten. Das taten mein Mann und ich dann auch so gut wir konnten und freuten uns auf den Ausflug. Nach der Ankunft hielten wir es für ratsamer, den Kindern erst einmal Bewegung zu verschaffen, damit sie nachher nicht zu wild herumtoben würden. Deshalb haben wir uns schon vor unserem Treffen den »luftg'selchten Pfarrer« angesehen, wovon sogar unsere Jüngste, zumindest am Anfang, schwer beeindruckt war!

Als wir dann gemeinsam beim Stein gewesen sind und die Hintergründe erfuhren, war da schon ein komisches Gefühl. Es kann aber auch die Sorge gewesen sein, dass ich vielleicht stecken bleiben könnte. Denn sehr vertrauenerweckend sieht dieser Durchschlupf ja nicht gerade aus.

Ich kann auch ehrlich gesagt nicht behaupten, dass ich wirklich auf die große ›Heilung‹ hoffte, da ich normalerweise mit mystischen Dingen eher weniger anfangen kann. Aber probieren wollte ich es doch – man kann ja nie wissen. Während ich mich da durchzwängte, musste ich außerdem feststellen, das falsche Schuhwerk gewählt zu haben, denn der Boden in diesem Stein war dermaßen glatt poliert, dass ich das Gefühl hatte, mehr zurückzurutschen, als vorwärtszukommen. Der Ausstieg aus dem Stein war für mich die größte Herausforderung, da meine Knie derartige akrobatische Bewegungen nicht sehr mögen. Aber bitte, nun kann wohl keiner sagen, ich hätte es nicht probiert. Sogar zweimal!!!

Lustigerweise muss ich aber zugeben, dass ich in den letzten beiden Tagen beim Aufwachen gleich einmal meine Finger ausprobiert habe, ob die Schmerzen vielleicht doch zumindest weniger wären. Ist natürlich Blödsinn, es hat sich nichts verändert! Aber so ganz ›kalt‹ lässt mich diese Geschichte anscheinend doch nicht.

Liebe Frau Hasmann, egal ob nun ein ›Wunder‹ passiert oder nicht, es hat mir auf jeden Fall Spaß gemacht und ich freue mich, Sie und Ihre Kollegin kennengelernt zu haben!«

Nun, Wunder ist offensichtlich tatsächlich keines passiert, bis heute nicht – was leider zu erwarten war! Und das trotz Mumie, Wallfahrtskirche und »Buchlwehluck'n« samt Radonstrahlung.

Abschließend noch zu allerlei sonstigen Fähigkeiten, die Steinen nachgesagt werden:

Alles andere als tote Materie sind sie Energieträger und fungieren, ebenso wie Wasser, als » Gedächtnis«, bestehen also aus Erinnerungen, die teilweise weit über die Ursprünge der Menschheit hinausgehen. Sie speichern Schwingungen oder Informationen der Umgebung und senden Strahlungen aus, die auf den menschlichen Organismus einwirken.

Es gibt Peil- und Kalendersteine (mittels Steinsetzungen und durch geschickte Anordnung von Schalen und anderen Felsgravuren auf Steinblöcken und markanten Felsen wurde vor etwa 6000 Jahren damit begonnen, wichtige Daten des Sonnenjahres durch Beobachtung von Sonnenauf-, und -untergängen am Horizont festzuhalten sowie die Haupthimmelsrichtungen festzulegen – zum Beispiel Teufelsstein in Fischbach, Steiermark), Schalensteine (es wird angenommen, dass es sich um Opfergefäße handelt – zum Beispiel in der Vinzenzkirche in Heiligenblut am Großglockner, Kärnten), Lochsteine (sollen Glücksbringer sein und wurden als Talismane gegen Hexerei, Alpträume und den »bösen Blick" verwendet; die großen Exemplare dienten beim Durchkriechen der Heilung des Körpers oder der Verjüngung – zum Beispiel in St. Leonhard, Oberösterreich) oder Wackelsteine (hatte Orakelfunktion – zum Beispiel Blockheide in Gmünd, Niederösterreich).

Erwähnenswert ist auch der Steinzirkel im niederösterreichischen Krumbach. Am 869 Meter hohen Waldbauernriegl, einem Höhenweg, den schon die Römer kannten, befindet sich ein ellipsenförmiger Steinkreis aus zehn Granitgneisblöcken mit einem Durchmesser von ca. sechs Metern. Die dort herrschende energetische Strahlung soll auf zwei einander kreuzenden Wasseradern beruhen.

Jedenfalls dienten all diese »unedlen« Steine als Kultobjekte, waren Heil- oder Kraftgegenstände. Die »Edlen« hat u. a. Hildegard von Bingen (wahrscheinlich 1098–1179, Äbtissin und erste nicht typische Vertreterin der deutschen Mystik des Mittelalters) unter die Lupe genommen. Sie beschreibt die Kräfte aller Naturdinge in der Reihenfolge der sechs Ur-Schöpfungstage. Hildegard beachtete allerdings nicht den materiellen Wert der einzelnen Mineralien, sondern deren stärkende und heilende Eigenschaften – also deren Subtilität. Hier einige Beispiele:

Achat: verheißt Glück und Erfolg, hilft Misstrauen und Hass abzubauen, gibt Mut, ist hilfreich bei Geburten, stärkt die Augen und wirkt gegen Fieber.

»Will ein Mensch diesen Stein tragen, so lasse er ihn auf der bloßen Haut ruhen, damit er sich davon erwärmt. Die Wesensart des Achats macht jenen Menschen geschickt und feinfühlig und klug im Gespräch, weil der Achat aus Feuer, Luft und Wasser geboren wurde.«

Bergkristall: für ruhigen Schlaf, löst Harmonieblockaden, schenkt Klarheit und Mut.

»Wem aber eine Erhebung an der Kehle wächst oder anschwillt, der erwärme den Bergkristall an der Sonne. Über den so gewärmten Stein gieße er Wein. Davon trinke er oft und drücke auch den sonnengewärmten Bergkristall oft über die Erhebung an der Kehle und sie wird kleiner werden.«

Diamant: gegen Depressionen, schenkt Erleuchtung, stärkt das Selbstbewusstsein, gibt Mut, beschert Erfolg, hilft, ein gestecktes Ziel zu erreichen.

»Ist jemand hinterlistig, tückisch, böswillig, verlogen, jähzornig und trunksüchtig, so wird er von diesen Lastern geheilt, wenn er den Diamanten in dem Mund trägt. Wasser und Wein mit dem Diamanten behandelt, sind heilkräftig bei Gicht, Gehirnschlag und Gelbsucht. Wegen seiner großen Härte verabscheut ihn besonders der Teufel.«

Karneol: Abwehr von Albträumen, blutreinigend und -stillend, gegen Fieber und Infektionen, hilft bei Kopfschmerzen und kalten Füßen, gegen Nasenbluten, bei Impotenz und Unfruchtbarkeit, gegen Lethargie und Minderwertigkeitsgefühle, zornmildernd.

»Wein werde erwärmt und man lege einen Karneol hinein. Davon gebe man dem Patienten zu trinken und die Blutung werde gestillt, das Gehirn wieder gekräftigt.«

Saphir: Gegen Depressionen, hilft bei Asthma und Augenleiden, wirkt Blutdrucksenkend, für geistige Erneuerung, schenkt Inspiration für religiöse Hingabe.

Hildegard von Bingen wusste, dass gegen Dummheit kein Kraut gewachsen ist, aber ein Edelstein helfen kann: »Wer dumm ist, weil jegliche Wissenschaft in ihm fehlt, und klug seine möchte, es aber nicht sein kann, und dabei nicht Bosheit erhofft und sich nicht nach ihr ausstreckt, der bestreiche oft nüchtern seine Zunge mit einem Saphir, sodass dessen Wärme und Kraft mit der warmen Feuchtigkeit des Speichels die schädlichen Säfte, welche das Verständnis im Menschen verscheuchen, unterdrücken. Auf diese Weise gewinnt der Mensch gutes Verständnis. Und wer im Zorn sehr aufgeregt wird, nehme sofort einen Saphir in den Mund und der Zorn wird erlöschen und aufhören.«

Topas: gegen Herzklopfen und Unsicherheit, löst falsche Verhaltensmuster, gegen Husten und Hautprobleme, Entzündungen, Masern, Mumps, steigert Führungsqualitäten in schwierigen Situationen, verschafft Willenskraft.

»Mit einem Topas grabe man drei kleinere Gruben in ein weiches Brot, gieße dann reinen Wein in diese und fülle Wein nach, wenn er versickert ist. Dann solle man sein Gesicht im Wein der Gruben betrachten und sagen: ›Ich sehe mich an wie in dem Spiegel, in dem Cherubim und Seraphim Gott anschauen, auf dass Gott dieses Fieber von mir vertreibe.‹ So soll man immer wieder verfahren und man werde geheilt.« (Hildegard von Bingen)

TIPP

Weitere Steine auf http://www.wissen-im-netz.info/mineral/bingen oder http://www.hexenrezepte.de/Steine2.HTM

Laut eingefleischten Steine-Fans will das Objekt der Begierde berührt und »erlebt« werden. Heißt: Sollten Sie leises Quengeln aus der Richtung ihres Lieblings-Bergkristalls vernehmen, streicheln Sie ihn. Er wird es ihnen mit den ihm zugesprochenen Eigenschaften danken, die er an Sie verschenkt. Und wenn doch nicht – schön anzusehen ist er allemal.

»Gern glauben die Menschen das, was sie wollen.«

Gaius Julius Caesar (100–44 v. Chr.),
römischer Staatsmann und Feldherr

Die Welt des Glaubens

Der Glaube versetzt Berge! Angeblich!

Jetzt ist ja nur noch die Frage, welcher Glaube gemeint ist. Der Glaube an Gott? Der Glaube an »irgendeine höhere Macht«? Der Glaube an sich selbst?

Wie ich war auch die österreichische Schriftstellerin Marie von Ebner-Eschenbach (1830–1916) von Letzterem überzeugt und meinte: »Wenn es einen Glauben gibt, der Berge versetzen kann, so ist es der Glaube an die eigene Kraft!«

Fest steht, dass Menschen Un-glaubliches, teilweise nicht Erklärbares leisten können, um etwas Bestimmtes für sich oder auch andere zu erreichen.

Das Wort »Glaube« bzw. »glauben« bedeutet alltagsgebräuchlich »etwas für wahr halten« und bezeichnet eine Grundhaltung des Vertrauens.

Dieser Begriff wird allerdings auch in jeder Religion strapaziert, wobei es hier natürlich um weit mehr geht als nur um das »Glauben« im Sinne von »meinen« (wie »Ich glaube, dass morgen die Sonne scheint«). In der Bibel etwa definiert der Apostel Paulus im Brief an die Hebräer, Kapitel 11, Vers 1: »Es ist aber Glaube Grundlage des Erhofften, ein Überführtsein von nicht schaubaren Dingen.«

Der absolut unerschütterliche Glaube braver Christen, der hier als »Vertrauen« und »Treue« (Übersetzung des griechischen Substantivs »pistis«) interpretiert wird, mutiert allerdings zum »Wissen« um die Existenz Gottes – Zweifel als Basis einer gesunden Ratio haben keinen Platz mehr.

Und die Vernunft scheint auch bei den »Wundern« keine Existenzberechtigung zu haben. Oder doch?

Im Namen des Glaubens oder doch alles Wissen(schaft)?

Der starke Glaube eines religiösen Menschen kann zu erhofften, erwünschten, aber auch zu unerwarteten Vorkommnissen führen – ob es sich dabei um tatsächlich Existentes oder um ansteckende Halluzinationen handelt, sei dahingestellt.

Jedenfalls gibt es abseits von »gewöhnlichen« Marienerscheinungen oder spontanen Heilungen (dazu später mehr) noch einen Haufen anderer »Wunder«, für die Gott (oder der Boss einer anderen Religion) verantwortlich gemacht wird (siehe http://www.diewunderseite.de).

In Österreich findet man vergleichsweise wenige und nur kaum spektakuläre religiöse Mysterien; diese spielen sich größtenteils in den USA, in Südamerika, Indien, Spanien und natürlich Italien ab. Nicht einmal Bilder oder Statuen der Wandermuttergottes »Rosa Mystica« weinen in unserem Land, obwohl es Tränenspuren von ihr auf der ganzen Welt gibt. Religiöse Botschaften rund um den Erdball auf: http://www.fatherspeaks.net/godentireworld_de.htm

Letztendlich bin ich aber doch noch fündig geworden und habe etwas Interessantes entdeckt, und zwar in der kleinen Stadt Eisenberg an der Raab im Burgenland, nahe der ungarischen Grenze.

Hier befand sich von 1956 bis 1992 im Garten des Bauernhofes der 1984 verstorbenen Aloisia Lex ein ca. 120 Zentimeter großes Kreuz im Rasen. Dieses »Rasenkreuz von Eisenberg« soll weder auf im Boden befindliche Chemikalien noch auf physikalische Einwirkungen zurückzuführen gewesen sein und war laut der Bäuerin »von Engeln gemacht«. Auch der damalige Gendarmerie-Inspektor Willibald Neuherz aus St. Martin an der Raab, der beauftragt wurde, die »Sache« zu untersuchen, hat Manipulation durch Menschenhand ausgeschlossen, wie er in einem Vortrag Anfang der 70er-Jahre bestätigte.

Für einige Wochen soll 1968 beim Rasenkreuz eine Quelle existiert haben, die aber versiegte. Heute handelt es sich um ordinäres Leitungswasser, doch die Heilige Maria, die Aloisia Lex bis zu ihrem Tod erschienen sein soll, hatte der Frau angeblich mitgeteilt, dass »das Heilwasser aus der festen Wasserleitung des Hauses zur Linderung oder Heilung an Leib und Seele diene«. Noch heute pilgern Jahr für Jahr Hunderte von Menschen zu dem Kreuz und schleppen kanisterweise Wasser mit nach Hause.

Verwunderlich ist auch, dass die Botschaften von Jesus und Maria von der Bäuerin immer in Hochdeutsch übermittelt wurden, obwohl die einfache Frau ausschließlich den lokalen Dialekt sprach.

»Wenn ich einmal gestorben bin, kann ich viel mehr für euch tun, wenn ihr mich dann noch bittet und nicht vergesst.« (Aloisia Lex)

TIPP

Nähere Infos und alle Details auf http://www.eisenberg.org Mutter Lex

Ein weiteres Phänomen, dieses Mal eine »gewöhnliche« Marienerscheinung, existiert in Absam in Tirol. Es handelt sich dabei um die sogenannte »Fensterglas-Madonna«, die am 17. Jänner 1797 der damals 18-jährigen Rosina Puecher an der Innenseite eines Fensters in ihrem Elternhaus in Form einer Zeichnung der Gottesmutter erschien. Gelehrte der Universität Innsbruck, nämlich der Mathematiker Franz von Zollinger und der Chemieprofessor Dr. Schöpfer, weiters der berühmte Freskenmaler Josef Schöpf aus Telfs und die beiden Glasermeister Schwänninger und Appeller prüften das Bild im Beisein von Vertretern kirchlicher und weltlicher Behörden und berichteten abschließend:

> *»Bey angewendeten genauen Prüfungen, mit Apotheker, Geisteren und Reibungen, auch mit scharfen Säften und Wässern ginge es zwar auß, aber erschien bald wiederum wie ehevor. Sodann bemühte sich der Spiegelschleifer mit seiner sogenannten politura, dieß auszutilgen, aber auch vergebens, massen das Bild mehrmal ganz sichtbar wie ehevor da ware, so bald dieß mit dem nassen Schwamme gereinigt unt abgetrücknet gewesen.*
>
> *Endlich machte der Glaser Apeller seinen Versuch mit angefeuchtetem Trippel (Anm.: Kieselgur, Bergmehl; Mineral der Tertiärzeit, das früher zum Schleifen und Polieren verwendet wurde) und polierte mit Glasblei eine und die andere Stelle der Scheibe mit dem Erfolge, daß an diesen Stellen ganz klares und reines Glas sich zeigt, das Bild daselbst verschwand und nicht mehr auflebte … Daß da in Folge der Untersuchung eine ganz natürliche Ursache vermutet werden könne, auch die natürliche Wirkung einem Wunder nicht gleich zu achten sei.«*

Dokument aus dem Pfarrarchiv Absam und Thaur,
Quelle: http://www.regionhall.at/de/das-gnadenbild-von-absam.html

Doch die Absamer ließen sich nicht beirren und trugen das Gnadenbild am 24. Juni 1797 unter feierlichem Geläute aller Glocken während einer Prozession in die Kirche, wo es heute für jedermann zugänglich seinen Platz unter dem Wandgemälde der gotischen Madonna hat. Seither kommen Jahr für Jahr unzählige Wallfahrer nach Tirol, um bei der Absamer Muttergottes Trost und Hilfe zu erbitten.

! TIPP

Bild der »Fensterglas-Madonna« und Details auf http://www.region-hall.at/de/das-gnadenbild-von-absam.html

Dass bei »Wundern« oft getrickst wird und man deshalb diesen gegenüber äußerst skeptisch sein muss, dürfte jedermann einleuchten. Vor allem bei den Tränen oder Blut weinenden Bildern oder Statuen wurden bereits viele Scharlatane entlarvt, welche die heiligen Objekte oder deren Umfeld präparierten. In Kanada beispielsweise hatte der Besitzer einer Blut weinenden Marienstatue seine eigene Körperflüssigkeit mit Schweineschmalz und Rindertalg vermischt, damit sich das Blut verflüssigt, wenn der Raum erwärmt wird. Als eine serologische Untersuchung die Wahrheit ans Licht brachte, legte der Mann ein Geständnis ab. Es kam aber auch schon vor, dass einfach ein Dach oberhalb einer Marienfigur leckte, weshalb eindringende Regentropfen Tränenspuren auf dem Gesicht der Madonna hinterließen.

Doch »Gott sei Dank« – denn ER würde Schwindeleien auch nicht mögen – gelingt es heutzutage aufgrund genauer wissenschaftlicher Untersuchungen Streichen, Hoppalas und Gaunereien auf den Grund zu gehen und das Wissen mit den damit verbundenen Fakten dem oft unkritischen Glauben gegenüberzustellen.

Beim Eisenberger Rasenkreuz scheint es allerdings keine wissenschaftliche Erklärung zu geben – und das ist auch in Ordnung.

Eine weitere Skurrilität fand ich noch in dem Buch »Wundersame Plätze in Österreich« von Reinhard Habeck. In dem kleinen Ort Malta in Kärnten wurde bei Renovierungsarbeiten an der Außenwand der Pfarrkirche Maria Hilf im Jahr 2002 ein 7,5 Meter hohes Fresko aus der Zeit um 1300 zur Gänze freigelegt, das Christophorus mit dem

Jesuskind auf seinen Schultern zeigt. Zu den Füßen des Heiligen sitzen einige Fabelwesen, darunter die bekannte und beliebte Micky Maus. Ob sich nun Walt Disney in einem seiner früheren Leben auf der Kirchenmauer verewigt hat oder ob eines der Fabelwesen nur zufällig Micky wie aus dem Gesicht geschnitten ist, bleibt ein Geheimnis.

TIPP

Bild von der Malta-Maus auf http://www.maltatal.com/gemeinde_malta/micky_mouse.html

Auch von seltsamen »Regentieren« ist im selben Atemzug mit dem Wort »Wunder« immer wieder die Rede. Im April 2007 fielen in einem serbischen Dorf zum Beispiel Tausende Frösche vom Himmel. Eine mögliche Erklärung der Wissenschaft lautet, dass ein Wirbelsturm die Tiere an einem nahe gelegenen See aufgenommen und in der Luft zum Dorf transportiert haben könnte, wobei nicht klar wird, warum derart viele Frösche zur selben Zeit am selben Ort gewesen sind. Doch schon die alten Griechen kannten dieses Phänomen. So beschreibt Athenäus im zweiten Jhd. n. Chr. einen über drei Tage anhaltenden Fisch-Regen, der für wochenlanges Chaos und widerlichen Gestank sorgte. Auch die Bibel weiß von einem tierischen Niederschlag zu berichten: In Exodus, Buch 8, wird von einer vom Himmel fallenden Froschplage berichtet, um den Pharao zu bestrafen. Seinerzeit führte Moses die Hebräer aus Ägypten fort.

Weitere aus der jüngeren Zeit bekannte Phänomene sind unter anderem der Niederschlag von Schnecken in Algier (Algerien) 1973, im selben Jahr Kröten in Brignoles (Frankreich) und Flundern in East London (Südafrika) 1984.

Naturspektakel oder doch ein göttlicher Fingerzeig? Eine zufriedenstellende Antwort gibt es auf diese Frage bis heute nicht.

Doch genauso interessant wie der Glaube ist auch der Aberglaube (»Aber-« im Sinne von »hinter«, »nach«, »gegenteilig«).

Der Begriff ist seit dem 13. Jahrhundert belegt und stand lange Zeit für »falsche«, das heißt von der christlichen Lehre abweichende Glaubensinhalte und -formen, der Aberglaube wurde abwertend als heidnisches, ja sogar ketzerisches Gedankengut bezeichnet.

Heute wird er meist nur noch milde belächelt. Als Hintergründe sind der »Volksglaube« (Bauernregeln, schwarze Katze etc.), soziale Bräuche und Rituale (Reiskörner bei Hochzeit, Münze in Brunnen etc.) und psychologische Aspekte (wenn etwa eine Handlung oder ein Gegenstand mit persönlichen Erfolgs- oder Misserfolgserlebnissen verknüpft wird) anzusehen.

Sehr viele Fälle von Aberglauben sind allerdings schon dermaßen in unser Leben integriert, dass wir ihn gar nicht mehr als solchen erkennen. Zum Beispiel hält man sich beim Gähnen die Hand nicht nur deshalb vor den Mund, weil wir es erstens so von Mama gelernt haben, zweitens damit unser Gegenüber keine medizinische Zwangsdiagnose zum Zustand unserer Mandeln abgeben muss und unsere Amalgamplomben zählen kann – sondern laut Aberglaube auch deshalb, damit der Teufel nicht die Möglichkeit hat, durch den geöffneten Mund in den Körper hineinzufahren. Aber auch das traditionelle Anstoßen mit den Gläsern hat seinen Ursprung im Aberglauben, das Klirren der Gläser sollte böse Geister und Dämonen verscheuchen. Selbiges gilt auch für Schiffstaufen, allerdings bin ich mir nicht sicher, ob das Zerschlagen einer vollen Sekt- oder Champagnerflasche am Schiffsrumpf den Zweck hatte, die Geister zu vertreiben oder diese betrunken zu machen, um sie in heitere und damit versöhnliche Stimmung zu versetzen.

Zuletzt noch zu einem gängigen Irrtum: Die Furcht vor »Freitag, dem 13.« entspringt nicht, wie man meinen könnte, traditionellem Aberglauben, sondern ist ein modernes Phänomen des 20. Jahrhunderts – in alten Volkssagen sucht man jedenfalls vergeblich nach dem Unglück, das Menschen an diesen »bösen Tagen« widerfährt. Eine Begründung für die Furcht vor »Freitag, dem 13.« könnte mit prägenden wirtschaftlichen Krisen in Verbindung stehen: In Amerika geriet ausgerechnet an einem solchen Septembertag 1869 der Goldmarkt ins Schlingern und 1927 war es ebenfalls ein »Schwarzer Freitag«, an dem die Börse unter Druck kam. Ich jedoch meine, wenn man nicht ausgerechnet an diesem Tag einen Spiegel zerbricht (was angeblich sieben Jahre Pech verheißt, weil man seine Seele, die im Spiegel wohnt, k. o. geschlagen hat und diese sieben Jahre zum Erholen benötigt), ist »Freitag, der 13.« ein Tag wie jeder andere auch.

Noch eine große Spur skurriler als jeder Aberglaube sind die Glaubens- oder Religionsparodien wie der Diskordianismus, gegründet 1958 von den US-Amerikanern Gregory Hill und Kerry Thornley. Leitfigur ist die römische Göttin Discordia, die Göttin der Zwietracht und des Streites; die Anhänger erklären ihre Anschauung mit der Definition »Religion, getarnt als komplizierter Witz oder umgekehrt« – Ziel sei es, Verwirrung zu stiften, Dogmen zu brechen, Strukturen aufzulösen und neue Sicht- und Denkweisen zu eröffnet.

Ein anderes Beispiel ist der Pastafarianismus, gegründet 2005 vom US-amerikanischen Physiker Bobby Henderson, Leitfigur ist die Gottheit »Das fliegende Spaghettimonster«. Die Anhänger, die Pastafari, beabsichtigen eine Widerlegung der Pseudowissenschaft »Intelligent Design«, welche besagt, dass sich bestimmte Eigenschaften des Universums und des Lebens auf der Erde am besten durch eine intelligente Ursache erklären lassen und nicht durch einen Vorgang ohne jede Leitung (wie zum Beispiel die natürliche Selektion) – es handelt sich dabei also um nichts anderes als um einen moderneren »Beweis« für die Existenz Gottes, wobei man sich Aussagen über das Wesen oder die Identität des Designers vollständig verkneift.

Zurück zu den Pastafari: Diese erwarten nach dem Tod im »Himmel« u. a. einen Biervulkan und eine Stripper-Fabrik. Lebensmaxime der Gläubigen ist »WWAPD« (»What Would A Pirate Do?«), in Anspielung auf den christlichen Slogan »WWJD« (»What Would Jesus Do?«).

Wundersame Heilungen

Im Zusammenhang mit »religiösen Mysterien« stehen auch die von der Medizin nicht zu erklärenden »Wunderheilungen« (im Unterschied zu den »Spontanheilungen«, meist bei Krebs – mögliche medizinische Ursachen sind hierbei der programmierte Zelltod oder die Gefäßneubildung in Tumoren) beim oder nach dem Besuch von Wallfahrtsorten, oft verbunden mit einem dort herrschenden Heiligen- oder Marienkult oder auch durch die Gabe von sogenannten Geistheilern.

Was die »lokalen« Heilungen betrifft, sind die zahlreichen Berichte von Lourdes in Frankreich und Fátima in Portugal erwähnenswert. Beide Wallfahrtsorte besitzen Ärztebüros, die sich die Untersuchung und Dokumentation der auftretenden Besserungen bei Krankheiten zur Aufgabe gemacht haben.

Jährlich pilgern vier bis sechs Millionen Menschen nach Lourdes, rund 50 000 von den Hilfesuchenden nehmen an Bädern in der »Heilquelle« teil (es handelt sich dabei um »normales« Trinkwasser ohne außergewöhnliche Mineralstoffzusammensetzungen), um ihre Wirkung zu testen – einige mit Erfolg, denn seit 1858 sind etwa 7000 Wunderheilungen in den Akten dokumentiert (die letzte im Jahr 1978), davon wurden 67 auch kirchlich anerkannt. Die Quelle soll freigelegt worden sein, während der 14-jährigen Bernadette Soubirous (1844–1879, 1925 selig und 1933 heilig gesprochen) mehrfach in der Nähe der Grotte eine weiß gekleidete Frau erschien, die sich später als »unbefleckte Empfängnis« offenbarte. Die Mutter Gottes beauftragte sie nach ihren Worten damit, eine Kirche auf der Grotte zu errichten.

Mehr über Heilquellen in Österreich und Deutschland, wenngleich auch nichts vergleichbar Spektakuläres wie Lourdes, in Harnisch, Günter: Wunderbare Heilkraft aus dem Wasser. Verlag Lorber & Turm, Bietigheim-Bissingen 2008.

In Fátima, wo am 13. Mai 1917 drei Hirtenkindern die Jungfrau Maria erschienen sein soll und am 13. Oktober desselben Jahres von rund 30 000 Menschen das »Sonnenwunder«, gedeutet als letzter Besuch Marias, bestaunt werden konnte, kam es zu wesentlich weniger Heilungen – die letzte erwähnenswerte geschah 1948. Die »Wunder von Fátima« sind kirchlich allerdings nicht anerkannt. 17 der Fälle wurde von dem deutschen Mediziner und Theologen Andreas Beck untersucht und veröffentlicht. Die Arbeitsgruppe um Beck fand außerdem 20 »Auferweckungen« von Toten im Zeitraum von 1232 bis 1686, doch nach heutigen Kriterien kommt diesen Berichten nur wenig Beweiskraft zu.

Eine noch recht aktuelle Wunder-Prüfung (Anfang des Jahres 2010) durch Papst Benedikt XVI. fand in Medjugorje in Bosnien-Herzegowina statt, wo seit dem Abend des 24. Juni 1981 angeblich täglich die Mutter Gottes erscheint und Botschaften übermittelt. Auch der Wiener Erzbischof Kardinal Schönborn wollte »Maria schauen« und hat sich zu einem privaten Besuch über die Jahreswende 2009/2010 in dem Pilgerdorf, »von dem viele positive Früchte ausgegangen sind«, aufgehalten.

Doch nicht nur Orte »wirken Wunder« bei Menschen, auch »Wunder wirken« durch Menschen.

Im Mai 2005 wird von einem elfjährigen Jungen aus der Republik Baschkirien, die der Russischen Föderation angehört, berichtet, der Menschen mit seinen Händen heilen könne, nachdem er ihre Krankheiten als dunkle Flecken in der Aura in einem Spiegel sieht. Im März 1998 hört man von einem Fünfjährigen, von dem behauptet wird, dass er Knochenbrüche, Krebs und andere Krankheiten heilen kann, indem er seine Hand mit einem Rosenkranz der Madonna auf den Kopf eines Patienten legt und folgende Worte murmelt: »Das war's! Gott heilt, wo er kann!« Ausgelöst worden sein soll seine Gabe durch das Erscheinen einer Madonna, zuerst auf der Mauer einer Autowerkstatt, danach nächtlich im Schlafzimmer des Kindes. Ein protestantischer Prediger aus Nairobi soll angeblich durch die Kraft des Gebetes in der Lage sein, AIDS zu heilen, er kann als »Beweis« Hunderte negative HIV-Tests von Ex-Erkrankten vorlegen.

Menschen, die andere mithilfe ihres Glaubens (an Gott, an Magie, an Alf etc.) heilen, nennt man »Geistheiler« (obwohl sie irreführenderweise mehrheitlich den Körper, nicht den Geist heilen). Voraussetzung wird allerdings sein, dass der »Patient« an die Macht des Geist-Doktors auch glaubt. Natürlich kann nicht ausgeschlossen werden, dass diese magischen Fähigkeiten existieren, ein Placebo-Effekt ist allerdings wesentlich wahrscheinlicher – was dann allerdings auch völlig o. k. wäre, solange man dafür nicht sein ganzes Hab und Gut verscherbeln und das Geld dem Geistheiler auf sein irdisches Konto überweisen muss.

TIPP

Eine Selbstdefinition von Geistheilern, ihre Methoden und die Rechtslage zu ihrem Schaffen findet man auf http://www.dgh-ev.de (Dachverband Geistiges Heilen e.V. in Deutschland). In Österreich gibt es bis jetzt noch keinen Heiler-Verein.

Magische Vorstellungen über die heilende Wirkung übernatürlicher Kräfte lassen sich bis in die Frühzeit der Medizingeschichte zurückverfolgen. Im Christentum ist natürlich Jesus das klassische Beispiel eines Geistheilers, gefolgt von sämtlichen heilenden Heiligen, aber auch von den Exorzisten. In unseren Breiten hat jedoch längst die Schulmedizin die Oberhand gewonnen, auch wenn der »Esoterik-Boom« und die Wiederentdeckung der Naturheilkunde in den letzten Jahrzehnten diese oft in ihre Schranken verwiesen haben.

In vielen Ländern der Erde hat die Tradition der Geistheilung jedoch überlebt und wird neben der konventionellen medizinischen Betreuung wie selbstverständlich in Anspruch genommen. Auch voll in die westliche Welt integrierte Einwanderer greifen im Krankheitsfall immer wieder auf die »alternativen Heilmethoden« ihrer Heimat zurück.

Die Methoden der Geistheiler sind sich überall sehr ähnlich, auch wenn sie neuerdings andere Namen aus anderen Kulturen erhalten. Energiebehandlungen mittels Körperkontakt, also schlichtes Handauflegen, ist nichts anderes als beispielsweise Reiki oder Therapeutic Touch (auch wenn jetzt die »Meister« dieser Disziplinen aufjaulen, weil hinter jeder Bezeichnung doch »so viel mehr« steckt). Behandlungsarten, bei welchen man nicht angetatscht wird, sind etwa die Reinkarnationstherapie, die allerdings äußerst umstritten ist (zu Recht, wie ich finde). Weitere Vorgehensweisen finden sich im Schamanismus (dazu später mehr). Auch die Besprechung, ein Ritual, mit dem ein Zustand durch Aussprechen von Wünschen (etwa »Ich will, dass mich das Leben NICHT für meine Dummheit, ohne adäquates Verhütungsmittel mit einem Fremden sexuell verkehrt zu haben, bestraft und meine HIV-Erkrankung verschwindet!«) verändert werden soll, zählt zu den Geistheilungen.

Neben der Behandlung eines Leidenden »Aug in Aug« bedienen sich einige Praktizierende auch der Fernübertragung, was recht angenehm ist, da weder der »Doktor« noch der Patient das Haus verlassen muss.

Allerdings muss der Ordnung und der Korrektheit halber erwähnt werden, dass Reiki und Co., wie oben aufgezählt, keine Heilmethoden sind, sondern nur verschiedenartige Vorgehensweisen in Hinblick auf die Verbesserung eines Leidens oder einer Krankheit, die eine Heilung bewirken können. KÖNNEN.

Meine Einstellung dazu, egal ob »heilende Hände« oder »Wunschgemurmel«, ob von nah oder von fern: Einen Versuch ist es wert, solange, wie bereits erwähnt, dabei nicht die Gutgläubigkeit und die Hoffnung der Hilfesuchenden ausgenutzt werden, finanziell, aber auch emotional!

Und ein Dankeschön an dieser Stelle auch noch einmal an Placebo! Denn wer fest daran glaubt, gesund zu werden, egal wie oder wodurch, wird es auch!

Der Mann mit den magischen Händen

»Unser« Heiler, Klaus Tobisch, erzählt an dieser Stelle in eigenen Worten (da ich Schriftstellerin und keine Propagandistin bin) über sich und seine Fähigkeiten:

> »Vor einiger Zeit habe ich erkannt, dass ich Menschen heilen kann. Im Jahre 2002 erfolgte ein erster Kontakt mit Reiki. Meine damalige Frau hatte durch ihren Beruf sehr starke Rückenschmerzen, zwei konsultierte Orthopäden konnten ihr nicht helfen. Doch schon nach einer einzigen Reiki-Stunde waren die Schmerzen so gut wie beseitigt. Auch ich begab mich daraufhin in Behandlung und mein Gesundheitszustand verbesserte sich merklich. Dann kam meine berufliche Versetzung nach Wien. In den folgenden drei Jahren verschlechterte sich mein Allgemeinzustand derart in Richtung Burnout, dass auch innere Organe wie Herz und Leber stark angegriffen wurden. Dazu verstärkte sich das Problem mit dem Bluthochdruck.

Die deswegen eingenommenen Medikamente verschärften mit den damit verbundenen Nebenwirkungen noch die gesamte Situation, sodass ich als einzigen Ausweg nur noch eine radikale Veränderung meines Lebens und meiner Einstellung gesehen habe. Eine direkte Folge war die Trennung von meiner Frau.

Im Herbst 2006 bin ich dann zu einem dreiwöchigen Urlaub nach Bayern gefahren und habe dort zwei Grundkurse bei den ›Heilenden Händen‹ von Horst Krohne besucht. Ich schöpfte Kraft und Energie und hatte neue Ziele vor Augen.

Die folgenden Monate waren gefüllt mit Meditationen, Träumen und Bildern, ich entwickelte mich immer weiter. Zu meinen eigenen gesundheitlichen Fortschritten kam auch die Freude, anderen Menschen mit dem bei Horst Krohne erworbenen Wissen helfen zu können. Ob es Knoten an der Wirbelsäule waren, überdehnte Bänder, Schmerzen, Blockaden im Energiekörper oder auch ganz einfach die energetische Überprüfung von Wohnräumen auf Wasseradern, Elektrosmog oder andere Strahlungen, die Hilfe für andere verhalf mir auch zu eigenem Wohlbefinden. Mein Werkzeug dabei waren extra angefertigte Wünschelruten, mit denen man die verschiedensten Dinge messen konnte.

Aber es gab auch Rückschläge. Es waren Erfahrungen mit Menschen, die meine Gutmütigkeit leider ohne Rücksicht und Skrupel ausgenutzt und mir geschadet haben, was in dieser Zeit auch das eine oder andere Mal den Rückfall in eine depressive Stimmung mit einer daraus resultierenden Kraftlosigkeit und Frust zur Folge hatte.

Im Herbst 2007 hielt ich mich erneut in Bayern auf und erfuhr, dass eine gute Bekannte schwer an Krebs erkrankt war. Ich begann damit, Wissen über diese Krankheit anzusammeln und neue Wege zur Heilung zu suchen. Schon bald zeigten sich erste Erfolge: Der Krebs wurde gestoppt. Auch bei anderen Krankheiten konnte ich mittlerweile helfen und ich begann, meine Methoden zu verfeinern. Die Ergebnisse wurden immer besser und bald sogar medizinisch nachweisbar. Auch meine eigene Gesundheit hatte ich mittlerweile sehr gut im Griff.

In meinem Lebensumfeld tauchten immer mehr Menschen mit Krankheiten auf, denen ich helfen konnte. Vom Krebs bis hin zu normalen Erkältungen – alles, was mit Viren, Bakterien, Pilzen und Parasiten zu tun hatte, war für mich heilbar. Auch die Zusammenarbeit mit einer niedergelassenen Ärztin in Wien erwies sich als fruchtbar und hilfreich.

Leider hatte mein Beruf gegenüber meiner ›Berufung‹, vom Zeitaufwand her gesehen, immer noch ein sehr starkes Übergewicht. Doch immer mehr Menschen erfuhren durch Mundpropaganda von meinen Fähigkeiten und Erfolgen.

Grundsätzlich ist zu sagen, dass jede Krankheit heilbar ist, auch HIV wurde schon erfolgreich bekämpft und geheilt. Was länger dauert, sind Verletzungen des Körpers und Krankheiten, die schon lange vorhanden sind. Wenn allerdings bereits schwerste Schädigungen vorliegen, ist von meiner Seite aus nichts mehr zu machen.

Ich beschäftige mich seit einiger Zeit auch mit Molekularbiologie, versuche damit, Wissen über die Funktionsweise des Körpers zu bekommen, um mir noch mehr Kenntnisse über Viren, Bakterien, Parasiten und Pilze zuzulegen, aber auch über den Stoffwechsel im Körper und in den Zellen. Aber das ist nur die theoretische Seite, die praktische ist die: Ich mache etwas, und es funktioniert. Warum, weiß ich nicht so genau.

Ich habe mich von Anfang an dagegen gewehrt, aus der Energiearbeit eine Religion zu machen. Aber ich habe meinen christlichen Glauben, und den möchte ich so, wie er ist und immer war, behalten. Was ich bei meiner Energiearbeit mache, ist eben diesen meinen Glauben, verbunden mit Nächstenliebe, einzusetzen. Das ist alles!

Mir ist egal, wer zu mir kommt und um Hilfe anfragt, ob Christ, Moslem oder Atheist. Vor meinem Auge sind alle Menschen gleich und auch gleich zu behandeln!

Ich sehe mich als Ergänzung zur Schulmedizin, würde aber niemals jemandem abraten, einen Arzt zu konsultieren. Mir ist es am liebsten, wenn ein Mensch mit einer Diagnose zu mir kommt und man nach Abschluss meiner Behandlung den Erfolg messbar sehen kann. Auch nehme ich mich gerne der Fälle an, die vielleicht als aussichtslos betrachtet werden, einen Versuch ist es immer wert, und bisher konnten auch da sehr große Erfolge erzielt werden.«

Das Experiment mit dem Geistheiler

Uschi und ihr chronisches Asthma, das von der Schulmedizin bisher weder als solches erkannt noch geheilt werden konnte, begeben sich mit Anfang November 2009 in die »heilenden Hände« von Klaus Tobisch.

Der Bericht:
»Eigentlich kam ich durch Zufall zu Klaus. Aus erster Hand erfuhr ich von der wundersamen Heilung meiner Nachbarin, die mir sehr eindrucksvoll schilderte, was ihr Arbeitskollege Klaus alles zustande bringt. Jeder Dentist hatte bei ihrer schmerzhaften Zahntasche kapituliert und geraten, den betroffenen Zahn ziehen zu lassen, da er schon locker wurde und auch Antibiotika nicht mehr halfen. Klaus bot seine Hilfe an und nachdem sie in der darauf folgenden Nacht eine starke Hitze verspürt hatte, war die Entzündung am nächsten Morgen verschwunden. Die Frau erzählte mir weiter, dass sie schon lange keinen Arzt mehr aufsuche und nur noch zu Klaus gehe. Ich gab der Nachbarin meine Telefonnummer zur Weiterleitung an den Heiler und Klaus rief mich einige Tage später an, das war Ende Oktober.

In herzigem bayrischen Dialekt fragte er mich, wie er mir helfen könne. ›Zuerst einmal mit einem Interview, außerdem mit meinem Asthma, das kein Arzt richtig diagnostizieren, geschweige denn behandeln kann‹, antworte ich direkt. Der Mann ist mir auf Anhieb sympathisch und ich habe sofort Vertrauen zu ihm.

Tage später treffen wir uns in einem Kaffeehaus in Wien. Klaus sieht eigentlich nicht wirklich wie ein Heiler aus … irgendwie so völlig ›normal‹… Trotzdem bin darauf vorbereitet, laienhafte psychologische Diagnosen oder ›esoterischen Humbug‹ serviert zu bekommen: dass ich selbst schuld an der Krankheit sei und man diese nicht heilen könne, weil ich das in Wirklichkeit gar nicht wolle. Oder dass ich mein Karma auflösen müsse. Doch das bleibt mir erspart, der Mann fährt überhaupt nicht auf eine dieser Schienen, ist total bodenständig und logisch und hat nichts Pseudowissenschaftliches, Vergeistigtes oder Abgeklärtes an sich.

Ein bisschen skeptisch werde ich allerdings, als Klaus von den Kursen bei diesem Krohne anfängt. Ich meine nämlich, dass das nur Geldmacherei ist, da man zum Heilen Talent haben muss, das man nicht in einem Kurs lernen kann. Aber diese Kurse sind zur Zeit ja sehr modern ...

Klaus stimmt mir aber zu, als ich meine Bedenken äußere, er meint ebenfalls, dass man Heilen nicht lernen kann wie ein Handwerk. Jeder müsse sich selbst weiterentwickeln und mit den Krankheiten auseinandersetzen, sich auch medizinisch gut auskennen – und v. a. den Willen und die spirituelle Fähigkeit besitzen.

Krebszellen bereiten ihm keine Probleme mehr, erzählt er mir, auch Viren nicht. Und bei Aids sei er gerade dabei, seine Methode anhand ärztlicher Befunde, mithilfe derer er die Krankheit studieren würde, zu verbessern. Wie genau, will Klaus mir nicht verraten. ›Das nehme ich mit ins Grab‹, erklärt er lachend.

Da ich selbst auch Reiki mache, unterhalten wir uns darüber. Wir sind uns einig, dass man damit zwar kleine Schmerzen lindern, aber nicht heilen kann. ›Der Zufall und Experimente haben mich weitergeführt und dorthin gebracht, wo ich jetzt bin‹, meint Klaus. ›Wichtig dabei sind v. a. die Visualisierung des Leidens eines Klienten, so viel kann ich verraten.‹ Und was meint Klaus zur Placebo-Theorie? ›Uninteressant in meinem Fall, da viele Heilungen bei Freunden und Familienmitgliedern gelungen sind, die als Versuchskaninchen herhalten mussten und gar nichts von meinen Behandlungen wussten und mitbekamen.‹

Dann spreche ich Klaus auf mein Asthma an und er gesteht, dass chronische Krankheiten seine Schwachstelle wären – sowie zum Beispiel auch sein eigener langjährig existenter Bluthochdruck. Doch er will die Herausforderung annehmen und warnt mich davor, dass es zu Beginn schlimm werden würde, wenn er meinen Körper entgifte – und das sei leider notwendig. Siedend heiß schießen mir Gedanken wie ›Verdammt, und ich rauche und trinke Energy-Safterl ... befulle meinen Körper noch mit diversem anderen ungesunden Zeug … hoffentlich muss ich damit nicht aufhören … soll ich ihm das sagen?‹ durch den Kopf. Ich sage lieber nichts.

Klaus gibt weiter an, dass er bei mir mehr Zeit als üblich brauchen würde, da die Krankheit ja chronisch sei. Er hat vor, für die Heilung eine Art Wünschelrute zu verwenden, mit deren Schwingungen er Messungen vornehmen will. Allerdings verrät mir Klaus nicht, wann er mit der Heilung anfangen wolle.

Doch das bleibt ohnehin nicht lange ein Geheimnis, denn Tage später verschlechtert sich mein Asthma auf Anhieb fast eine ganze Woche lang. Ich spucke Schleim wie noch nie zuvor in meinem Leben, es ist furchtbar unangenehm.

Aber dann wird es plötzlich besser, die Abstände zwischen den Griffen zum erlösenden Spray werden länger.

Klaus ruft mich an und erklärt, dass er bisher erst eine Ursache für mein Asthma gefunden hat, nämlich meine starke Hausstaubmilbenallergie – wobei ich ihm nicht verraten hatte, dass ich darunter leide.

Ende November: Heute habe ich bereits vier beschwerdefreie Tage am Stück! Klaus bietet mir ein neues Treffen im Dezember an, bei dem er im persönlichen Gespräch mögliche Auslöser finden und etwas über meinen Alltag erfahren will, zum Beispiel wie viel Stress ich habe oder ob ich mich gesund ernähre. Hüstel!

Klaus erklärt mir Mitte Dezember, dass die Krankheit tief in meinem Körper sitze und es schwer sei, da es keine Diagnose von Ärzten gibt, den »richtigen Schalter« zu finden.

Mittlerweile ist es Februar 2010 geworden. Mein Asthma hat sich stark verbessert, ich benutze meinen Spray nur noch einmal pro Woche. Klaus bietet mir an, ein besonderes Gerät zu testen, welches sich ein Kollege von ihm, Thomas, Betreiber eines Gesundheitszentrums in Wiener Neudorf, angeschafft hat. Klaus erklärt: ›Diese Maschine läuft auf der Basis der Schwingungsmessung, die man mit jener Wünschelrute, so wie ich sie verwende, vergleichen kann. Dieses Diagnosegerät zeigt Störungen im Energiehaushalt und damit verbundene gesundheitliche Probleme an, die dann korrigiert werden können.‹

Klaus möchte mit der Messung herausfinden, wo genau mein Problem sitzt und erklärt mir, dass andere Schwachstellen verhindern können, dass sich mein Asthma sozusagen in Luft auflöst. Es sei sogar möglich, dass ich auf etwas allergisch reagiere, etwa auf ein bestimmtes Duschgel oder Waschmittel, ohne es selbst zu bemerken, und dass ich deshalb krank bin. Er will jedenfalls ganz genau wissen, was in meinem Körper los ist. Ich ja eigentlich nicht. Der Gedanke, mich komplett durchchecken zu lassen, löst ein wenig Panik in mir aus – wer weiß, was diese Maschine dann alles findet.

Anfang März teste ich das Gerät – wohl ist mir nicht bei der Sache. Ich soll es mir auf einer Liege bequem machen, an meinen Knöcheln werden Elektroden befestigt, danach beginnt die Maschine zu arbeiten und führt zehn Millionen Messungen in acht Minuten durch.

Wie befürchtet finden sich gleich mehrere Probleme in meinem Körper, u. a. eine kaputte Vene am linken Bein, die mich tatsächlich schon viele Wochen vorher geschmerzt hat. Viele der medizinischen Ausdrücke verstehe ich nicht, doch Klaus diagnostiziert, dass die Ursache für meine Krankheit offensichtlich im Darm sitzt, außerdem im Magen und in den Lymphen – alles chronische Geschichten. Und ich leide wirklich seit frühester Kindheit unter einer sehr trägen Verdauung. Es werden auch noch Allergien gegen einige Nahrungsmittel, u. a. Eiweiß und Zucker, festgestellt. In dem Moment fällt mir auch ein, dass es mir gesundheitlich immer am besten gegangen ist, wenn ich auf Diät war – welch Hammer-Erkenntnis!

Ich bekomme also eine Therapie verordnet: Zuerst werden weitere Dioden angebracht, denn das Gerät kann sofort einige Sachen ›reparieren‹, auch die Allergien löschen. Dann erhalte ich ein Fläschchen mit der ›Information‹ der Heilung meiner Beschwerden, ich soll täglich sieben Tropfen davon einnehmen.

Klaus ist zufrieden, weil er nun, da er die Hauptursache meines Asthmas, die im Darm und an den Nahrungsmittelgiften liegt, erkannt hat, besser an meiner Erkrankung arbeiten kann.

Ich bin irgendwie glücklich und irritiert zugleich: Froh über die Aussicht, vielleicht bald wieder frei atmen zu können, verunsichert aufgrund der Vorstellung, dass so eine Maschine den Ärzten bald die Arbeit wegnehmen könnte. Allerdings wird die Mediziner-Lobby das zu verhindern wissen, da bin ich mir sicher.

Eine Woche später: Mein Asthma verschlechtert sich plötzlich, doch Klaus beruhigt mich und erklärt mir, dass das nach dem Stress mit der Messung ganz normal sei. Er erzählt mir, dass er wieder einen Patienten, der an Hodenkrebs erkrankt war, geheilt habe.

Ende März sind die Venenbeschwerden vollständig verschwunden, den Asthma-Spray benutze ich kaum mehr. Ich lasse erneut eine Messung durchführen und tatsächlich haben sich meine Werte erheblich verbessert.

Klaus erzählt mir, dass er momentan selbst starke Beschwerden hat, bei ihm haben sich ein Fuchsbandwurm in der Leber, Herzwürmer und ein Rinderbandwurm im Körper eingenistet. Die Heilung sei aber schon sehr weit fortgeschritten. Er teilt mir außerdem mit, dass er gemeinsam mit Thomas ein weiteres Schwingungs-Messgerät kaufen und ein zweites Gesundheitszentrum im Wiener Norden eröffnen möchte. Da so eine Maschine, abhängig von der Ausstattung, zwischen 33 000 und 65 000 Euro kostet, wird die Geschäftsidee allerdings wahrscheinlich erst im Frühjahr 2011 realisiert werden können.

Die Heilungschancen bei einer Behandlung der von ihm therapierbaren Krankheiten lägen aufgrund der Optimierung seiner Kräfte mit Hilfe der Schwingungs-Messungen mittlerweile bei 95 Prozent.«

Auch wenn mich Uschis Bericht beeindruckt hat, wollte ich von Klaus Tobisch den Befund einer seiner »Patienten« vorgelegt bekommen – und tatsächlich: Anfang April halte ich einen histologischen Befund aus dem Wiener AKH, von der Universitäts-Klinik für Urologie, in Händen.

Der 54-jährige Hassan A. war an Blasenkrebs erkrankt, die Diagnose erfolgte am 23.12.2009. Klaus begann mit seiner »Behandlung« am

25.12., am 7.1.2010 wurde im Krankenhaus eine neue Gewebeprobe entnommen und aufgrund der Untersuchungsergebnisse der Termin für eine Operation festgelegt, die eine Woche später stattfinden sollte. Kurz vor dem Eingriff, Hassan lag quasi schon auf dem OP-Tisch, hieß es plötzlich, dass der Tumor verschwunden sei, die Operation wurde abgeblasen. Nach einer neuerlichen Untersuchung teilten die Ärzte dem Patienten noch einmal mit, dass sie keine Erkrankung mehr feststellen konnten, er auch keine Chemo-Therapie beginnen müsse. Sie entließen den Mann als geheilt, ordneten allerdings eine regelmäßige Kontrolle alle drei Monate an.

Der Krebs hat sich seither nicht mehr blicken lassen – das Attest, welches die tumorfreie Blase bestätigt, liegt mir ebenfalls vor.

Natürlich muss genau an dieser Stelle gefragt werden, ob es sich hierbei tatsächlich um eine Wunderheilung, in diesem Fall speziell um Geistheilung, handelt oder doch um eine Spontanheilung (die, wie bereits erwähnt, medizinisch durchaus erklärbar ist).

Die erstmalige Analyse mit dem Schwingungsmess-Gerät kostet derzeit 150 Euro, für die darauf folgenden Therapien werden je nach Aufwand zwischen 40 und 100 Euro fällig. Bei umfangreicheren Beschwerden gibt es Paketpreise, die allerdings nur bei Erfolg in vollem Umfang zu bezahlen sind.

TIPP

Kontakt zum Heiler Klaus Tobisch unter 0650/670 18 80 oder klaustobisch@gmx.net.
Infos über das Wiener Neudorfer Gesundheitszentrum auf http://www.lebdeinleben.at.

»An sich ist nichts weder gut noch böse;
das Denken macht es erst dazu.«

William Shakespeare (1564–1616),
englischer Dramatiker und Schauspieler

Zwielichtige Gestalten – »Gut« und »Böse«

Figuren, die gemäß den Synonymen für das Wort »zwielichtig« auch anrüchig, dubios, fragwürdig, halbseiden, ominös, verrufen, zweifelhaft und undurchsichtig sind, gab es immer schon, in jeder Kultur, auch wenn ihre Erscheinungsformen moderner geworden sind und sich unser Umgang mit ihnen stark geändert hat – einerseits wurde er offener, andererseits skeptischer, teilweise sogar ablehnender.

Gegenüber den menschlichen Zwielichtigen (Hexen, Schamanen, Voodoo-Priester etc.) schlug v. a. in den westlich orientierten Ländern der Erde unter dem Einfluss der Aufklärung die Angst in Interesse an ihnen und an dem, was sie tun, um. Andererseits machen sich viele auch über sie lustig, weil sie nicht an diese »Magie« glauben und sie als Scharlatanerie oder esoterischen Humbug abtun. Oder zeigt gerade diese abwertende, engstirnige Haltung nichts anderes als Angst?

Natürlich sei an dieser Stelle gesagt, dass die wenigsten menschlichen Zwielichtigen auch wirklich welche sind. Viele bauen diesen Ruf einzig und allein auf, um damit Geld zu verdienen, den meisten ist allerdings einfach nur langweilig in ihrer Existenz als »normaler« Mensch, sie wollen krampfhaft anders sein als ihre Mitmenschen, etwas Besonderes eben. Es kann sich dabei natürlich auch um die Folgen einer verpfuschen Reinkarnationstherapie handeln.

Der mittlerweile leichte Zugriff auf die menschlichen Zwielichtigen aufgrund ihrer Öffentlichkeit und die laienwissenschaftliche Auseinandersetzung mit ihnen hat allerdings auch zur Folge, dass viele andere »seltsame Existenzen«, etwa mythologische Gestalten, aus dem Denken der Menschen verdrängt wurden.

Die nicht menschlichen Zwielichtigen (Dämonen, Geister, Engel etc.) hingegen erfreuen sich fast so großer Beliebtheit wie die menschlichen (oder werden ebenso ins Eso-Eck gestellt). Obwohl diese nicht sichtbar sind, man auch nicht an ihre Türe klopfen und ihnen einen Besuch abstatten kann, sind sie ein realer Bestandteil des Lebens ihrer Freunde sowie aber auch ihrer Feinde.

Doch was erbittet man nun von diesen »Gestalten«? Rat, Hilfe, Schutz? Die Erfüllung dieser Bedürfnisse ist von den menschlichen Zwielichtigen (noch optimaler: von der Familie, den Freunden, dem Partner etc.) sicher zu realisieren – oder auch nicht. Doch warum, um

Himmels Willen, erhofft sich ein aufgeklärter, moderner Mensch selbiges etwa von einem Engel? Oder warum fürchtet man sich vor einem Dämon? Was kann er einem Menschen antun? Mord, Totschlag, geistige Umnachtung?

Doch egal, ob verehrt oder verachtet, geliebt oder gehasst, herbeigesehnt oder gemieden… »Gut« und »Böse« ist allgegenwärtig – auch wenn in Bezug auf die Begriffsvertreter hemmungslos schubladisiert und kaum kritisch hinterfragt wird (allerdings beginnt diese Vorgehensweise nicht erst bei der Magie, sondern u. a. bei den täglichen Nachrichten).

Engel und Dämonen

Warum wird der Engel für »gut« befunden, der Dämon für »böse«? Wenn man weiß, dass »Dämon« vom griechischen »daimon« (Seele, Geist) abstammt, was wiederum von »daimónion« abgeleitet wird, was Schicksalsmacht bzw. mahnende Stimme (des Gewissens etwa) bedeutet, ergibt das eigentlich keinen Sinn.

Unter dem Einfluss des Christentums mutierte der Dämon dann zum Gesandten des Teufels (seltener bezeichnet man mit dem Wort den Höllenboss selbst) – diese Begriffsverfremdung fand allerdings erst ab etwa dem Mittelalter statt.

Der Chef der Dämonen, Teufel oder auch Satan (hebräisch: Ankläger) genannt, ist eigentlich der Engel Luzifer (»Lichtbringer«), nämlich der »böse Bube«, der sich mit den Menschen eingelassen hat. Und obwohl er Gottes Liebling war, der schönste und intelligenteste von allen Engeln (genau genommen war er sogar ein Erzengel, also recht weit oben auf der Karriereleiter), wurde er aufgrund seines Fehltrittes in Richtung Erde von seinem Gönner aus dem Himmel verbannt. Luzifer schnappte sich daraufhin gut ein Drittel aller Engel, die ihn bewunderten und sich ihm gerne anschlossen, und machte sich auf den Weg nach unten. Er und seine Anhänger sind also gefallene Engel (oder eben Dämonen) – denen ihr »freier Wille« und ihr mangelndes Obrigkeitsdenken zum Verhängnis geworden sind. Tief Gefallene sogar – nicht nur was den Höhenunterschied zwischen Himmel und Erde betrifft, sondern auch den Sturz in der Achtung der Menschen.

Der deutsche Philosoph Friedrich Wilhelm Nietzsche (1844–1900) meinte dazu allerdings: »Erst das Christentum hat den Teufel an die Wand der Welt gemalt; erst das Christentum hat die Sünde in die Welt gebracht.«

Einige der »guten Christen« gehen sogar so weit zu behaupten, dass viele Menschen auf der Erde vom Teufel oder von Dämonen verführt und bedrängt würden, ja regelrecht von diesen »besetzt« sein könnten (siehe auch Kapitel »Die Geister, die ich rief ...«).

Wer das nicht ist, dem Leibhaftigen aber trotzdem begegnen möchte, der fährt nach Wien und sucht das Denkmal von Vuk Stefanovic Karadzic, dem Schöpfer der serbokroatischen Standardsprache, in der Rasumofskygasse Nummer 22 auf, denn dort befindet sich angeblich ein Tor zur Hölle. Ich war dort – habe den Satan aber nicht getroffen.

Doch jetzt zu den »oben« gebliebenen Engeln: Die, die sich wahrscheinlich über Luzifers Rebellion mokierten und nicht um die Menschen scherten, werden jetzt von selbigen verehrt und sollen sie sogar beschützen? Eigenartige Logik!

An Schutzengel (gefeiert werden diese übrigens am 2. Oktober, das wurde 1670 von Papst Clemens X. so festgelegt) glauben aber längst nicht nur praktizierende Christen. Laut einer vor einigen Jahren durchgeführten Forsa-Umfrage sind mehr als zwei Drittel der Menschen davon überzeugt, von »ihrem« persönlichen Engel begleitet und behütet zu werden. Dabei muss dieses Wesen keineswegs ein flügelschwingender Gesandter Gottes sein, gängiger ist die Annahme, dass es sich dabei um eine nahe stehende bereits verstorbene Person handelt. Oder es ist das personifizierte Schicksal selbst, dass ein persönliches Unglück verhindert. Eine andere Möglichkeit wäre, dass der Engel schlicht das eigene Un(ter)bewusstsein verkörpert, das einen davon abhält, sich Gefahren auszusetzen, und gegensteuert, wenn man bereits in Gefahr ist, oder aber auch in den Erfahrungen (der eigenen Person oder den globalen) wühlt, die der Erinnerung nicht direkt zugänglich sind, um einen vor Fehlern zu bewahren. Und damit sind wir wieder im Reich der Dämonen! Wir erinnern uns an die Übersetzung von »daimon«,

»daimónion«: Geist, Seele des Menschen (also die Verstorbenen-Engel), Schicksalsmacht (eh klar, das Schicksal), mahnende Stimme (also das Unterbewusstsein). Hinzu kommt das Einlassen Luzifers auf die Menschen ... schlussfolgernd wäre ein Schutzdämon also logischer als ein Schutzengel.

Existent sind beide nicht menschlichen Zwielichtigen jedoch ausschließlich in den Köpfen der Menschen. Und ob sie Gutes oder Böses bewirken, hängt mit Sicherheit einzig und allein vom Charakter der jeweiligen Person ab.

TIPP

Wolff, Uwe: Alles über Engel und Dämonen. Ein himmlisches Wörterbuch., Gütersloher Verlagshaus, Gütersloh 2009.

Fabelwesen und andere Mythen

Weitere nicht menschliche zwielichtige Gestalten sind u. a. Fabelwesen. In diese Kategorie fallen alle Geschöpfe, deren äußeres Erscheinungsbild durch die Fantasie des Menschen seiner jeweiligen Zeit geprägt ist und deren tatsächliches Existieren nicht belegt werden kann. Es handelt sich dabei um Tiere (etwa Drachen), Geister (zum Beispiel Naturgeister wie Elfen) oder Mischwesen (Zentauren: halb Mensch, halb Pferd).

Einige dieser Gestalten haben ihren Ursprung allerdings durchaus in der Realität: Galt früher etwa das Okapi, eine Kurzhalsgiraffe aus der Demokratischen Republik Kongo, als Mischwesen (Pferd, Zebra und Giraffe), weiß man heute, dass es sich dabei um ein »normales« Tier handelt. Auch wurden Seekühe ehemals schnell zu Nixen erklärt – wahrscheinlich vor allem dann, wenn die Seefahrer ein bisschen zu tief ins Glas geschaut hatten. Auch der Yeti zählt zu den Fabelwesen, selbst wenn sich Berichte über Sichtungen des Schneemenschen im Himalaya bis heute hartnäckig halten (wahrscheinlich ist dabei im Schnee genauso viel Alkohol im Spiel wie früher am Meer).

Dann gibt es noch die mythologische oder Sagengestalten, dazu zählen Vampire, Werwölfe, aber auch Ungeheuer wie jenes von Loch

Ness. Dass mythologische Figuren nicht real existieren, hat sich allerdings immer noch nicht vollständig herumgesprochen. Angeblich tauchen noch heute immer wieder blutleere Dracula-Opfer auf (naheliegenderweise wird man es hier eher mit einem perversen Killer zu tun haben) oder große, wilde Hunde werden für Werwölfe gehalten (wahrscheinlich eher ein tollwütiger Schäferhund).

Aber wir haben Verständnis: So mancher Volksglaube hält sich halt – und ein Mythos ist ja nichts anderes und stirbt, wie der Inhalt desselben, eben nicht aus.

TIPP

Drostel, Janina: Einhorn, Drache, Basilisk: Fabelhafte Fabelwesen. Jan Thorbecke Verlag, Ostfildern 2007

Schwarze und weiße Magie, oder doch alles Yin und Yang?

Magie ist per definitionem eine Beeinflussung von Ereignissen, Lebewesen oder Gegenständen auf übernatürliche Art und Weise unter Zuhilfenahme von Ritualen, Beschwörungsformeln oder ähnlichen Praktiken. Aber tatsächlich ist es doch so, dass jede Aktion von jedem Menschen – die bewusste wie die unbewusste, die unbedeutend scheinende wie die groß geplante – etwas verändert und daraus resultiert immer auch eine Wendung im Ablauf des Geschehens inklusive der involvierten Lebewesen und Objekte. Somit könnte man die These aufstellen, dass Magie nichts anderes ist als die Macht, etwas zu bewirken, eine ganz alltägliche, reale und keineswegs übernatürliche Macht also – von jedermann sowieso permanent gebraucht (teilweise auch missbraucht), aber eben auch zielgerichtet ausübbar. Und wenn jemand dazu »Zauberformeln« (wie etwa das Nachsprechen von selbstbewusstseinsfördernden Floskeln wie »Ich bin großartig«, »Ich liebe mich so, wie ich bin«, »Ich werde Erfolg haben«) oder bereits getestete, angeblich bewährte Maßnahmen oder Gegenstände benötigt (Liebesrituale, Amulette etc.), ist das auch in Ordnung – solange daraus keine Abzocke jener Menschen wird, die zu ahnungs- oder fantasielos sind oder keine Zeit bzw. keine Lust haben, sich selbst etwas zu überlegen.

Schon der Schweizer Mediziner und Psychologe C. G. Jung sah in dem Wort »magisch« den Begriff »psychisch«! Und bereits rund 1900 Jahre früher meinte der römische Feldherr und Staatsmann Marcus Vipsanius Agrippa: »Magie ist keine Zauberei!«

Doch damit dieses Kapitel hier noch nicht endet, wenden wir uns wieder der »wirklich magischen Magie« zu.

Erste Hinweise stammen aus der Steinzeit, diverse Artefakte und Höhlenmalereien deuten auf Durchführungen magischer Handlungen und Zeremonien hin. In der Antike fand bereits eine rationale Auseinandersetzung mit magischen Praktiken statt. In dieser Zeit wurzelt auch die Hermetik, eine religiöse Offenbarungs- und Geheimlehre, die das naturwissenschaftliche Weltbild bis in das 17. Jahrhundert hinein beeinflusste und den abendländischen Okkultismus prägte. Man hat darin Elemente altägyptischen, jüdischen und persisch-chaldäischen Glaubens sowie platonischer, neuplatonischer und stoischer Lehren ausmachen können.

Im Mittelalter wurde erstmals zwischen einer göttlichen / schöpfenden und einer teuflischen / destruktiven Magie unterschieden, scholastische Gelehrte wie Thomas von Aquin (um 1225–1274) lehnten Magie hingegen generell ab und bezeichneten diese als unwissenschaftlich und dämonisch.

Paracelsus (1493–1541) sprach sich wiederum gegen die gedankliche Unbeweglichkeit der Scholastik (zurückgehend auf Aristoteles, 384–322 v. Chr.) aus, für ihn bedeutete Magie Heilung.

In der Renaissance wurden die hermetischen Schriften wiederentdeckt, welche die Magier dieser Zeit inspirierten. Zu Beginn des 18. Jahrhunderts fand erneut eine verstärkte Hinwendung zu innerseelischen, okkultistischen, mystischen und esoterischen Themen statt. Im 19. Jahrhundert wurden etliche magische Organisationen gegründet, ihre Mitglieder waren bedeutende kulturelle Persönlichkeiten. Im 20. Jahrhundert belebten Personen wie zum Beispiel Aleister Crowley (1875–1947) das Interesse an der Magie. Aber auch die nationalsozialistische Ideologie griff auf magische und okkulte Traditionen zurück. Ein bekennender Okkultist und Esoteriker war auch der Reichsführer-SS Heinrich Himmler, der sich für die Reinkarnation von Heinrich I. (919–936) hielt. Bis heute versuchen rechtsextreme Gruppen mit Themen rund um die Magie für ihre Weltanschauung zu werben.

Ebenso kommt die Religion bis heute nicht ohne Magie aus, auch wenn es im Laufe der Zeit oft zu Reibereien zwischen den beiden kam. Religiöse Systeme, in denen immer noch magische Praktiken auftauchen, sind Hinduismus und Buddhismus (Tantra), Voodoo (dazu später mehr), Schamanismus (auch dazu später mehr), Neopaganismus (heidnische Riten) und der Katholizismus (Exorzismus).

Grundlage jeder Magie ist der Analogiezauber, was bedeutet, Gleiches mit Gleichem zu bewirken, ausgehend vom hermetischen Grundsatz, dass das Obere (oder Äußere, Große) gleich dem Unteren (oder Inneren, Kleinen) ist. Das bedeutet, dass alle Wesen und Dinge über Sphären miteinander verbunden sind und durch magische Praktiken wechselseitig beeinflusst werden können (zum Beispiel werden Warzen bei abnehmendem Mond »behandelt«, damit sie, wie dieser, schwinden).

Mit »weißer« Magie sind nun jene Vorgehensweisen gemeint, die dem Schutz, dem Glück oder der Heilung dienen. Bei der »schwarzen« Magie wird Schadenszauber betrieben – Anleitungen zu den Praktiken wurden mündlich oder schriftlich weitergegeben.

Seit der Mitte des 20. Jahrhunderts hat sich außerdem der sogenannte »Pfad zur linken Hand« etabliert. Damit sind verschiedene okkulte und magische (auch religiöse) Ausrichtungen gemeint, die dem Ur-Glauben gegenüberstehen, sprich, die sich nicht nach alten Traditionen und deren Lehren richten. Magier dieser Gruppierungen setzen das eigene Interesse an erste Stelle, streben stets danach, sich selbst zu verwirklichen und dafür alle Hindernisse aus dem Weg zu räumen. Dieser bewusst egoistische Weg schließt den Satanismus mit ein. Doch da der moderne Satanismus Magie für Aberglauben hält, sind »die Leute am linken Pfad« stattdessen Anhänger des ähnlichen Setianismus und Luziferianismus. Allerdings wäre es zu simpel, in diesem Fall gänzlich schwarz-weiß zu

TIPP

Frater, Eremor: Im Kraftstrom des Satan-Seth. Der Pfad der dunklen Einweihung. Edition Roter Drache, 2009 (3. Auflage).

sehen, es ist Unsinn, zu glauben, dass es zwei Arten von Magie gäbe. Es handelt sich um ein und dieselbe Kraft, die nur unterschiedlichen Zwecken dient. Es kommt einzig und allein auf die eigene Motivation an, ob man mit den Praktiken Menschen hilft oder schadet. Magie ist eben Charaktersache! Und grau gibt's ja auch noch – für alle jene, die sich nicht entscheiden können.

Vor allem zahle es sich niemals aus, so die gängige Meinung (der »Guten«), »schwarzmagisch« zu agieren, da alles »Böse«, das man anderen zufügt oder zufügen möchte, auf einen selbst zurückfalle – so lautet das universelle Gesetz. Somit basiert der Gebrauch von Magie eigentlich auf einer überaus moralischen Grundlage.

Oder, das sagt zumindest die chinesische Philosophie, es gibt kein Weiß ohne Schwarz und umgekehrt, sondern immer nur ein Wechselspiel der Gegensätze. Alles ist Yin und Yang! Das hieße folgerichtig, dass »gute« Magie auch immer etwas Schlechtes beinhalte und »schlechte« auch etwas Gutes. Und denkt man an meine unmagischen einleitenden Worte, die ein wenig an den Schmetterlingseffekt (der besagt, dass in komplexen, dynamischen Systemen eine große Empfindlichkeit auf kleine Abweichungen in den Anfangsbedingungen besteht) der Chaos-Theorie erinnern, die meine Ansicht widerspiegeln, dass jede noch so unbedeutend scheinende Aktion etwas verändert, wäre das Yin-und-Yang-Prinzip das logischste – auch die Magie betreffend. Denn jede gute Tat kann auch etwas Schlechtes nach sich ziehen und alles Schlechte kann auch Gutes bewirken.

Magie, weiß oder schwarz, gut oder böse – meine Devise lautet jedenfalls: »Was du nicht willst, das man dir tu, das füg' auch keinem anderen zu!«

Von Alchemisten, Druiden, Zauberern und Hexen

Menschliche Zwielichtige sind den meisten von uns weniger »suspekt« als die nicht menschlichen, v. a. in der heutigen aufgeklärten Zeit, und das auch deshalb, weil sie »real« sind – aber sie sind auch nicht gerade vertrauenerweckend, weil sie, damals wie heute, doch eine Aura des Geheimnisvollen umgibt.

Die für uns harmlosesten »Magier« sind mit Sicherheit die Alchemisten, wahrscheinlich deshalb, weil sie die Vorgänger der heutigen Chemiker und Pharmazeuten, solider Wissenschaftler also, sind.

Die Wurzeln der Alchemie lassen sich mehrere Tausend Jahre zurückverfolgen: Die Ursprünge finden sich in Indien und im alten China und führen über den arabischen Raum nach Europa. Eine Blütezeit der Alchemie ist das Mittelalter gewesen, die bedeutendsten Vertreter dieser Wissenschaft, besser gesagt dieser philosophischen, ganzheitlichen Lebensanschauung zu jener Zeit, waren u. a. Albertus Magnus (um 1200–1280) und Paracelsus (1493–1541). Als neuzeitliche Vertreter sind Johann Wolfgang von Goethe (1749–1832) und Sir Isaac Newton (1642–1727) zu nennen. Doch bereits Aristoteles glaubte um 350 v. Chr., dass die materielle Welt aus einem »Urstoff« bestehe, der zwar selbst keine physikalischen Eigenschaften besäße, doch verschiedene »Formen« (als körperliche Gestalt oder spezifische Eigenschaft eines Körpers oder einer Substanz) annehmen könne.

Oberflächliches Wissen zum Thema reduziert die Alchemie auf die Idee der künstlichen Herstellung von Gold und anderen Edelmetallen, damit verbunden auch die Suche nach dem »Stein der Weisen« (passende Substanz für die Verwandlung der unedlen in edle Metalle) und einem Universallösungsmittel, das jede Substanz, auch Gold, aufzulösen vermag. Die Experimente in diese Richtung haben uns u. a. die Rezeptur für die Porzellanherstellung und die Entdeckung einiger chemischer Elemente wie Phosphor eingebracht. Die damaligen Wissenschaftler, die von der Vollkommenheit der Natur ausgingen, träumten allerdings nicht nur von Reichtum, sondern auch von ewigem Leben und der Möglichkeit, alle Krankheiten heilen zu können. Bei ihren Versuchen gingen sie hauptsächlich nach der Methode »trial and error« (Versuch und Irrtum) vor, die auch noch heute ein wichtiges Prinzip zum Erkenntnisgewinn ist.

Die wahre Kunst der Alchemie, die von der Existenz seelischer, geistiger und materieller Anteile in der Natur ausgeht, besteht darin, Verwandlungs-, sprich Transmutationsprozesse, die in der Natur sehr lange dauern und sich teilweise über mehrere Erdzeitalter erstrecken, zu beschleunigen und die Stoffe in einem wesentlich kürzeren

Zeitraum in den Endzustand zu bringen. In dieser Form sollten sie dem Menschen zur Weiterentwicklung und Heilung dienen. Der Alchemist entwickelt sich während seiner Arbeit aber auch selbst weiter, beschreitet einen spirituellen Weg, an dessen Ziel die eigene Vollendung und Bestimmung steht (mit diesem Aspekt hat sich Anfang des 20. Jahrhunderts der Psychiater C. G. Jung beschäftigt und ihn für seine analytische Psychologie genutzt).

Ein weiteres Steckenpferd der Alchemisten war der Versuch einer Herstellung lebender Kunstwesen wie etwa des Homunculus, Anklänge an diese okkulten Experimente finden sich noch in Goethes Faust.

Die »Bibel der Alchemisten« war die Tabula Smaragdina (smaragdene Tafel), ein dem Hermes Trismegistos (Verschmelzung des griechischen Gottes Hermes mit dem ägyptischen Gott Thot) zugeschriebener Text antiker oder mittelalterlicher Herkunft, der ein Zitat aus einem Werk namens »Geheimbuch der Schöpfung« darstellt und die gesamte Weltweisheit enthalten soll.

Im 17. bzw. 18. Jahrhundert wurde die Alchemie von der modernen Chemie abgelöst, was mit dem Verlust der Spiritualität und der Miteinbeziehung anderer Weisheiten wie Zahlenmystik und Astrologie einherging.

In den 1920er-Jahren behauptete der Chemiker Franz Tausend, durch Transmutation Gold herstellen zu können. Gemeinsam mit dem Hitler-Gönner General Erich Ludendorff, der ein großes Geschäft witterte, gründete er die »Gesellschaft 164«, in die gutgläubige Anleger rund 400 000 Mark einzahlten, die in Windeseile in die Kassa der NSDAP flossen. Als das Experiment nicht gelang, legte Ludendorff 1926 sein Amt nieder, der Wissenschaftler Tausend wurde wegen Betrugsverdachts verhaftet und 1931 zu vier Jahren Gefängnis verurteilt.

TIPP

Ein moderner Alchemist, der sich hauptsächlich mit Pflanzen beschäftigt und auch Seminare veranstaltet, ist Reinhard Leb aus Weistrach im Bezirk Amstetten. Nähere Infos auf http://www.pflanzenalchemie.at.

Bei den Druiden ist bereits weit weniger klar, was diese Typen, die man sich oft mit weißem Wallegewand, langem Bart und goldener Sichel vorstellt (also zumindest »Asterix«-Leser tun das), eigentlich gemacht haben (außer Kräuter und Pflanzen abmähen, um den Zaubertrank, der übermenschliche Kräfte verleiht, zu brauen – zumindest macht das Miraculix die meiste Zeit über). Tatsächlich verkörperten die Druiden eine Art Elite in der keltischen Gesellschaft (in Mitteleuropa seit der Eisenzeit um 800 v. Chr.) in kultischen und geistigen Belangen.

Laut Cäsar, der sich zu seiner Zeit offensichtlich intensiv mit der Magie der Druiden auseinandersetzte, waren sie Intellektuelle und stets Angehörige der Adelsschicht, traten als Priester, Philosophen, Astrologen, Rechtsgelehrte und Magier auf, waren für den Opferdienst und die Ausübung mantischer Bräuche (Arten der Zukunftsvorhersage) zuständig und hingen einer Lehre der Wiedergeburt an. Neben ihren religiösen und kultischen Pflichten waren die Druiden als politische Ratgeber und Unterhändler für die Fürsten tätig. Sie konnten Frieden stiften und durften die höchsten Beamten wählen.

In der Spätantike kam es offensichtlich zu einem kurzen Wiederaufflammen der keltischen Religion, römische Schriftsteller berichteten im 3. und 4. Jhdt. n. Chr. von Druiden, die einigen Staatsoberhäuptern die Zukunft voraussagten. Einige Gelehrte brüsteten sich damit, aus angesehenen Druidenfamilien zu stammen.

Das gesprochene Wort eines Druiden hatte zu jeder Zeit ein besonders Gewicht und ihre Flüche stellten eine ernst zu nehmende Strafe dar. Auf mystischem Gebiet arbeiteten sie ausschließlich mit Verbalmagie, es wurde keinerlei Schrift verwendet, weshalb es auch keine festgehaltenen Überlieferungen gibt – es handelt sich also um Geheimwissen.

Druiden kannten sich auch sehr gut mit den Wirkungsweisen verschiedenster Pflanzen und Kräuter aus und verwendeten sie für ihre heilenden Tätigkeiten. Bekannt geworden ist das Bild des Druiden, der – laut Überlieferung am sechsten Tag des Mondzyklus – mit seiner Sichel Misteln schneidet. Die Wirkstoffe dieser Pflanze verschaffen Linderung bei Hypertonie und Arteriosklerose.

Übrigens hatten bei den Druiden auch Frauen das Sagen, im Gegensatz dazu gibt es jedoch keinen glaubwürdigen Nachweis für die Existenz von Alchemistinnen.

Zu einem »Druiden-Revival« kam es im Zeitalter der Romantik, in dem zahlreiche moderne Druidenorden gegründet wurden. Es handelt sich dabei um neuheidnische Gruppen, die als Neo- oder Neo-Pagane-Druiden (Paganismus = Heidentum, außerhalb der eigenen religiösen Tradition stehend) bezeichnet werden. Daneben haben sich noch vom Christentum und von den Freimaurern beeinflusste Orden gebildet, ihre Mitglieder werden romantische oder mesopagane Druiden genannt. Die Ursprünge dieser »Auferstehung« liegen in der Bewegung der Unitarier (Glaubensbewegung der radikalen Reformation, die die Lehre von der Dreifaltigkeit ablehnt) und des Universalismus, die christliche und naturreligiöse Überzeugungen miteinander verbindet.

TIPP

Nähere Infos unter anderem über das Wissen der Druiden bei der Gesellschaft für spirituelle Geistesentfaltung auf http://www.druiden.at oder http://www.norikum.eu.
Lüdeke, Alexander: Druiden. Von den magischen Kräften der Kelten. Tosa Verlag, Wien 2008.

Jetzt zu noch dubioseren Figuren, den Zauberern. Gibt es bei den Alchemisten und Druiden religiöse, philosophische, psychologische oder kultische Hintergründe, scheinen diese bei den zwielichtigen Gestalten der Zauberer komplett zu fehlen – die Hauptmotivation der Menschen, die sich der Zauberei verschrieben haben, ist vordergründig gesehen nichts anderes als Macht.

Die Definition dieser Spezies lautet: Als Zauberer – im Unterschied zum Zauberkünstler, der lediglich für »täuschende« Unterhaltung sorgt – werden Menschen bezeichnet, deren Fähigkeiten aus der Perspektive des Beobachters nicht in Einklang mit dessen bisheriger Interpretation der Umwelt stehen und sich von ihm auch nicht deuten lassen.

Die Zauberer waren ursprünglich Wissenschaftler und Intellektuelle, somit auch »verwandt« mit den Alchemisten und Druiden. Da sie in der Funktion als Wundertäter oder Priester großes Ansehen genossen, war die Versuchung groß, sich diesen Status durch Täuschungsmanöver zu erschleichen und ihren Wissensvorsprung über Naturgesetze zu ihrem Vorteil zu nutzen – oder sie arbeiteten ohnehin mit mehr oder weniger primitiven Tricks (die natürlich, je aufgeklärter und daher anspruchsvoller das Publikum war, umso schwerer durchschaubar sein sollten), also so wie es heute sämtliche Illusionisten wie z. B. David Copperfield offiziell tun. Dann gibt es allerdings auch noch jene »Zauberer«, die selbstverständlich genauso tricksen, einen aber nicht direkt mit der Nase darauf stoßen und somit indirekt mit übersinnlichen Fähigkeiten prahlen – die nennen sich dann Mentalisten und versuchen, ihr Publikum für dumm zu verkaufen (peinlichstes Beispiel der jüngsten Zeit: »Die Uri-Geller-Show«).

Der berühmteste Scharlatan unter den Zauberern war der Italiener »Graf« Alessandro Cagliostro, eigentlich Giuseppe Balsamo (1743–1795), der mit dem Verkauf von »Wunderkuren« in Form von Liebestränken, Jugendelixieren, Schönheitsmixturen, alchemistischem Pulver etc. hohe Profite erzielte. Er wurde von der Inquisition 1789 verhaftet, in der Engelsburg in Rom eingekerkert und zum Tode verurteilt. Das Urteil wurde 1791 in lebenslange Haft umgewandelt.

Von den »echten« Zauberern wurde stets die Erfüllung primärer Bedürfnisse verlangt, beispielsweise die Heilung von Krankheiten, die Vorhersage und Beeinflussung des Wetters, Prophezeiungen aller Art und Begünstigungen in jeder Lebenslage. Neben ihren »magischen« Fähigkeiten betätigten sich Zauberer aller Kulturen als Ratgeber, Lehrer, Richter, Wissenschaftler und Künstler. Zu den bekanntesten Vertretern zählen Heinrich Cornelius Agrippa von Nettesheim (1486–1535), Grigori Jefimowitsch Rasputin (1869–1916) und Erik Jan Hanussen (1889–1933). In Österreich soll es in Salzburg im 17. Jahrhundert zwei Zauberer gegeben haben, den Jackl, der sich angeblich unsichtbar machen konnte und unverwundbar war, und den Mayr Sepperl – beide wurden als »Hexer« hingerichtet.

Jetzt noch zu Merlin: Es handelt sich bei dem »mächtigsten Zauberer der Welt« lediglich um eine Legende. Die Figur wurde wahrscheinlich von Geoffrey von Monmouth geschaffen, der Merlin 1136 als Lehrer von König Artus auftreten ließ.

Niedergeschrieben wurden sämtliche Zaubersprüche in Grimoires (Anleitung, um magische Symbole zu Formeln zu kombinieren), die von Generation zu Generation weitergegeben und dabei immer wieder überarbeitet wurden (Abänderung von Rezepturen, Ergänzungen mit neuen Erkenntnissen etc.). In der Regel enthielten die Bücher astrologische Begriffe, Listen von Engeln und Dämonen, Zaubersprüche, mit welchen man magische Wesen herbeirufen konnte, und verschiedene Rezepturen zur Herstellung von Talismanen und verschiedensten Mixturen.

Fast alle dieser Schriften haben als Gemeinsamkeit den Wunsch, sich vor drohendem Unheil und Gefahren zu schützen, Kraft zu erlangen, die Gesundheit zu erhalten oder Krankheiten abzuwenden, in die Zukunft zu sehen und v. a. zu Reichtum zu kommen. Viele der Zauberbücher sind anonym geschrieben worden, wahrscheinlich deshalb, weil die Autoren auf dem Scheiterhaufen gelandet wären, hätten sie sich zu erkennen gegeben, da Magie von der Inquisition verboten war.

Die Blütezeit dieser Schriften war zwischen dem Spätmittelalter und dem 18. Jahrhundert. Ab dem 19. Jahrhundert wurden Sammlungen verschiedener zauberhafter Manuskripte veröffentlicht um sie einem breiten Publikum zugänglich zu machen (wohl deshalb, weil zu diesem Zeitpunkt niemand mehr glaubte, dass die Zauberei funktioniere und alle Menschen plötzlich mutig, stark, gesund, reich und hellseherisch würden).

TIPP

Horst, Georg Conrad: Zauber-Bibliothek. J. Kamphausen Verlag, Bielefeld 1979.

Und dann haben wir noch die Hexen!

Der Begriff leitet sich vom althochdeutschen Begriff »hagazussa« ab, was frei übersetzt werden kann mit »Person an der Grenze« (althochdt. hag: Zaun, Hecke, Begrenzung; althochdt. zussa: sitzen). Hexen selbst bezeichnen sich gerne als »Zaunreiterinnen« im Sinne einer Vermittlerin zwischen der Dieswelt und der Anderswelt (aus den gegabelten Ästen der Hecke entwickelte sich übrigens unter dem Einfluss des Christentums der Hexenbesen). Weniger esoterisch ist die Erklärung, wonach es sich bei der Grenze um jene zwischen dem kultivierten Raum und der unkultivierten Natur handelte (klingt logisch, wenn man bedenkt, dass Hexen auch für archaische Waldpriesterinnen gehalten wurden) – so kann man sich vielleicht auch die der Hexe oft »angehängten« Begleittiere erklären, die Katze kommt aus dem kultivierten Teil, der Rabe aus dem unkultivierten.

In die Begriffsvorstellung sind im Laufe der Zeit unterschiedliche, meist negative Elemente eingeflossen, zum Beispiel der angstbesetzte Hexenglaube aus dem Mittelalter und der frühen Neuzeit, beeinflusst vom Volksglauben und der biblischen Tradition, oder die Einführung der »bösen Hexe« als Märchen- und Sagenfigur (bspw. in Grimms Märchen »Hänsel und Gretel« zu Beginn des 19. Jahrhunderts).

Kein Zweifel besteht an der Zugehörigkeit des ursprünglichen Begriffs »Hexe« zur Religion, auch wenn die Möglichkeit besteht, dass er früher ebenso eine Bezeichnung für kultisch tätige Personen, Menschen mit besonderem Wissen (etwa in Naturheilkunde), mythische Wesen oder Göttinnen (vor- bzw. nichtchristlicher Religionen) gewesen ist. Doch erst im Rahmen der Christianisierung wurde angenommen oder den Gläubigen weisgemacht, dass Hexen als heidnische Wesen ihr Wissen gegen »brave Mitbürger« richten und sogar mit Dämonen oder dem Teufel im Bunde stehen würden. Der Bibelspruch »Eine Hexe sollst du nicht am Leben lassen« (2. Buch Mose 22, 17) diente später den Inquisitoren als Rechtfertigung für die Hexenverfolgungen.

In den meisten Fällen »bösen Hexenwerkes« ging es um Wetter- (schuld an kaputter Ernte), Milch- (wenn einer Bäuerin die Butter- oder Käseherstellung misslang), Stall- (wenn Vieh krank wurde) oder Liebeszauber (wenn Männer ihren Frauen fremdgingen). Sagen berichten auch von einem angeblich wirksamen Gegenzauber: Man hängte ein Tuch mit Nadeln in kochendes Wasser und wünschte die brennenden Schmerzen der vermeintlichen Hexe an den Leib.

Erste Verurteilungen gab es im 13. Jahrhundert mit dem Aufkommen der Inquisition, die jedoch eher Glaubensabweichler im Allgemeinen als Hexen im Speziellen verfolgte. Papst Alexander IV. gab 1260 die Anweisung, Hexen nicht aktiv zu verfolgen, sondern auf Anzeigen hin festzunehmen. Thomas von Aquin (1225–1274) stachelte damals mit seiner Meinung, dass »bestimmte Frauen« die Fruchtbarkeit in der Ehe wie auch auf den Äckern vereiteln konnten, die Hexengläubigkeit weiter erheblich an, da sein Wort als bedeutender Philosoph und Theologe großes Gewicht hatte.

Richtig los ging es im europäischen Raum ab etwa 1400. Laut den damaligen Theoretikern gab es fünf Merkmale, die eine Hexe kennzeichneten: der Hexenflug (auf Stöcken, Tieren, Dämonen oder mithilfe von Flugsalben), Treffen mit dem Teufel und anderen Hexen auf dem Hexensabbat, der Pakt mit dem Teufel, Geschlechtsverkehr mit dem Teufel (in Gestalt von Incubus und Succubus, einem männlichen und weiblichen Dämon) und der Schadenszauber.

Um 1486 wurde ein Werk veröffentlicht, in dem alle verbreiteten Ansichten über Hexen und Zauberer gesammelt, die Vorurteile übersichtlich präsentiert und mit einer vermeintlich wissenschaftlichen Argumentation begründet und außerdem Regeln aufgestellt werden, die eine systematische Verfolgung und Vernichtung des Feindbildes ermöglichen: »Der Hexenhammer«, geschrieben von dem Dominikaner Heinrich Kramer (auf den Titelblättern der meisten älteren Ausgaben wird auch Jakob Sprenger als Koautor genannt, seine Mitarbeit wird aber von der neueren Forschung angezweifelt). Das Buch ist bis ins 17. Jahrhundert in 29 Auflagen erschienen. Der fanatische und ganz offensichtlich äußerst frauenfeindliche Mönch Kramer verkündete, dass weibliche Wesen von Natur aus minderwertig und charakterschwach, daher besonders anfällig für Buhlschaften mit dem Teufel seien. Das Werk Kramers beeindruckte scheinbar auch dem damaligen Papst Innozenz VIII., der ins selbe Horn stieß und mit seiner »Hexenbulle« quasi den Startschuss für die öffentliche Hexenverfolgung abfeuerte.

Das Bild der Hexen festigte sich immer mehr, es wurde bald sogar davon ausgegangen, dass sich »diese Teufelsweiber« sektenartig gruppieren würden, um die Weltherrschaft zu übernehmen. Unter anderem durch die Verbreitung dieser Theorie schürte man die Angst in der Bevölkerung immer mehr und mehr.

In Österreich wütete die »Hetzjagd« bis zu Beginn des 18. Jahrhunderts. Es handelte sich dabei, wie auch im restlichen West- und Mitteleuropa, einerseits um eine kirchliche Aktion gegen »Ketzer«, andererseits um ein Hysterie-Phänomen innerhalb der Bevölkerung, wobei es sich juristisch um die Straftat der Zauberei handelte, was zu massenweisen Verdächtigungen und Denunziationen führte. Die Folge waren Inhaftierungen, Folterungen (am häufigsten kamen Daumenschrauben und Streckbank zum Einsatz), Hexenproben (hier wurde meist das Kaltwasserbad angewandt: Die verdächtige Person wurde im Wasser versenkt, schwamm sie oben, galt sie als überführt) und danach öffentliche Massenprozesse und Hinrichtungen (meist auf dem Scheiterhaufen; als Akt der Gnade galt die vorherige Enthauptung, Erdrosselung oder das Umhängen eines Schwarzpulversäckchens um den Hals).

Einer der Befürworter der Hexenverfolgung in Österreich war u. a. der katholische Geistliche und Schriftsteller Abraham a Sancta Clara (1644–1709). In seinem Predigthandbuch aus der Zeit, in der er in Graz als Prior fungierte, fanden sich unter seinen Notizen unkommentiert die erpressten Geständnisse von der Hexerei beschuldigter Frauen, deren Hinrichtung er keineswegs bedauerte.

Unter Kaiserin Maria Theresia gab es dann so gut wie keine Hexenprozesse mehr (die letzte Hinrichtung erfolgte 1750 in Salzburg), obwohl Zauberei rechtlich noch unter Strafe stand. Im Strafgesetz 1783 wird davon nichts mehr erwähnt. Die größte Prozessserie in Österreich war jene von 1675–1690 in Salzburg, im Zuge derer von 198 Festgenommenen 138 Menschen hingerichtet wurden, darunter auch 56 Kinder.

Es konnte bis heute nicht zufriedenstellend ermittelt werden, wie viele Menschen in Europa insgesamt der Hexenverfolgung zum Opfer fielen, schriftlich festgehalten wurden rund 20 000 Hinrichtungen. Die Dunkelziffer dürfte in etwa beim Vierfachen liegen. 80 Prozent der Ermordeten waren Frauen.

Die letzte überlieferte Hinrichtung einer Hexe in Mitteleuropa fand 1793 in Südpreußen statt. Aber noch 1836 wurde eine vermeintliche Hexe von den Fischern der Halbinsel Hela (Polen) der Wasserprobe unterzogen und, da sie nicht unterging, gewaltsam ertränkt.

Das Thema »Hexe«, im Sinne von Personen, die Schadenszauber ausführen, ist in vielen fernen Ländern und Kulturen (Lateinamerika, Südostasien, Indien, Arabien und vor allem Afrika) auch heute noch, oder wieder, hochaktuell. Es wird vermutet, dass dort seit 1960 mehr Menschen aufgrund von Hexerei – natürlich in den seltensten Fällen offiziell – umgebracht worden sind als während der gesamten neuzeitlichen Verfolgungsperiode in Europa.

TIPP

Rummel, Walter / Voltmer, Rita: Hexen und Hexenverfolgung in der Frühen Neuzeit. Wissenschaftliche Buchgesellschaft, Darmstadt 2007.

Bekannte »Hexen« in der Geschichte: Hildegard von Bingen (um 1098–1179, deutsche Äbtissin, Kräuterfrau und Volksheilige), Agnes Bernauer (um 1410–1435, Geliebte und vielleicht erste Ehefrau des bayrischen Herzogs Albrecht III.), Sidonia von Borcke (1548–1620, pommersche Adelige), Maria Holl (1549–1634, deutsche Gastwirtin), Hester Jonas (um 1570–1635, deutsche Hebamme), Anna Schnidenwind (1688–1751, Bäuerin, eine der letzten in Deutschland hingerichteten »Hexen«), Anna Göldi (1734–1782, Dienstmagd, letzte in der Schweiz hingerichtete »Hexe«).

In Österreich zählt u. a. Katharina Paldauf (um 1625–1675) zu den Opfern der Hexenjagd. Sie war die Gattin des Pflegers der Riegersburg und wurde im großen Prozess von Feldbach in der Steiermark, bei dem 95 Menschen unter Anklage standen, als »Blumenhexe« (sie soll im Winter Blumen zum Blühen gebracht haben) auf dem Scheiterhaufen verbrannt.

Zu Beginn des 20. Jahrhunderts steckten übrigens auch in diesem »magischen Thema« wieder einmal braune Nasen: Der deutsche Reichsführer-SS Heinrich Himmler war davon dermaßen fasziniert, dass er sogar eine Spezialabteilung für »Hexenforschung« zusammenstellte.

Viele Hexen und Hexer der jüngeren Zeit nennen sich »Wicca«. Sie sind eine naturreligiöse Gruppierung des Neopaganismus (Neuheiden-

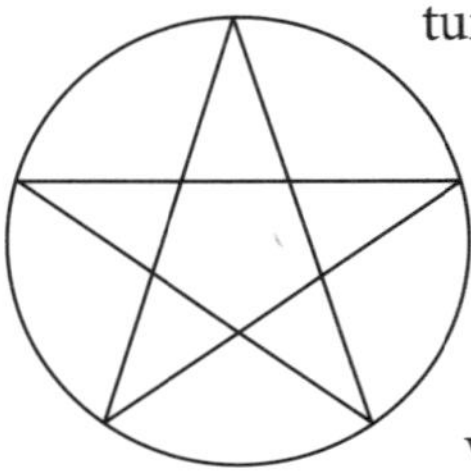

tum) und praktizieren volkstümliche, weiße Magie. Eines ihrer Symbole ist das Pentagramm (links), welches als Bannzeichen gegen »das Böse« gilt. Durch die Wicca-Bewegung wurden viele, teilweise in Vergessenheit geratene Rituale neu belebt. Mit ihr entstand außerdem das Konzept vom »Buch der Schatten« – Fans der Fernsehserie »Charmed« bestens bekannt. Dabei handelt es sich um eine Art Arbeitsbuch, in dem Beschreibungen von Kräutern, Zaubersprüche und Rituale gesammelt werden. Der Wicca-Anwärter kopiert es üblicherweise handschriftlich vom Buch der Schatten der ihn einweihenden Priesterin oder des Priesters und erweitert es nach seinen persönlichen Bedürfnissen. Das Werk enthält außerdem oft Aufzeichnungen von Träumen und tagebuchartige Einträge zu Erfahrungen mit der Magie und Ergebnisse vom Umgang mit Ritualen und Sprüchen, oft auch Rezepte zu Mixturen und Zaubertränken. Die genauen Inhalte sind natürlich geheim und werden nur Eingeweihten offenbart.

Wer ein »Buch der Schatten« lesen möchte, muss entweder Wicca werden oder jenes der drei (später vier) Hexen Phoebe, Prue, Piper (und Paige) kaufen (nur englische Version erhältlich) – die Charmed-Schwestern sind da nicht so heikel und teilen ihr »Wissen«.

Das Experiment mit dem Hexenritual

Der Besuch bei »Hexe Maggie« war für Uschi ein ganz besonderes Highlight, wie sie sagt. Sie durchleuchtet das Thema Magie ja schon seit Jahren und fand immer »alles viel zu unschlüssig«. Außerdem: »Ich habe befürchtet, dass, wenn ich mich darauf einlasse und selbst Magie praktiziere, es mir vielleicht aber gar nicht zusteht oder ich etwas falsch mache und sich das negativ auf mein Leben auswirken könnte. Wer weiß das schon so genau? Ich hatte einfach immer einen Heidenrespekt vor diesen Dingen. Ich habe Zauberei in erster Linie eigentlich immer nur mit ›Harry Potter‹ oder ›Merlin‹ in Verbindung gebracht, und wenn ich an Hexen dachte, sah ich alte Frauen mit einer Warze auf der Nase vor mir – wahrscheinlich hat mir meine Mama auch einmal zu viel ›Hänsel und Gretel‹ vorgelesen, als ich noch ein Kind war. Oder ich sah brennende Scheiterhaufen vor mir – also großteils eigentlich sehr unangenehme Bilder und Assoziationen, die sich da in mir festgesetzt hatten. Doch dann traf ich Maggie, eine moderne Hexe, und diese Begegnung mit ihr hat mein Leben mehr und nachhaltiger verändert als jede andere Erfahrung mit Magie und Ähnlichem.«

Maggies Laden »Hexentruhe« (http://www.hexentruhe.at) befindet sich in einer Wohnung im 3. Wiener Gemeindebezirk, in der zwei Zimmer für das Geschäft zur Verfügung stehen. Er ist klein, aber fein, sehr übersichtlich und nett eingerichtet. Da gibt es eine große Vitrine mit magischen Ölen, »die zum Sterben gut duften«, Bücher, Amulette, Kräuter und Räucherzutaten, außerdem exotische Samenkörner, Wunschbohnen (Samen des Tonkabaumes, eignet sich auch zum Kochen als Vanilleersatz), Witchboards, Ritualsets und Kerzen in allen Farben und Formen (Menschen- und Tiergestalten, Hexen etc.). In einer Ecke steht ein Skelett, in der anderen ein Tisch, auf dem Tarotkarten liegen, davor befindet sich ein schwarzer, mit zahlreichen Ornamenten verzierter Stuhl im Gothik-Stil. Doch trotz des klischeehaften Ambientes wirkt der Laden nicht düster, nicht einmal geheimnisvoll, sondern sehr einladend und freundlich.

Stolz führt Maggie, eine attraktive, schlanke und sehr sympathische Frau um die 40, Uschi durch ihr kleines Reich, danach beginnen die beiden zu plaudern. Uschi erfährt, dass sich Maggie bereits in jungen Jahren der Magie zuwandte, sich selbst einweihte (also nicht etwa durch eine Großmutter oder ein anderes Familienmitglied hingeführt wurde), indem sie sich mit einem Schwur, dem Bekenntnis zur »großen Göttin«, festlich dreimal dazu bekannt hat.

Maggie zelebriert ihre Rituale oder Feste wie es ihr beliebt, hält nichts von Gruppenzwängen und handelt völlig autonom. Sie sagt: »Mir ist der Konkurrenzkampf zu groß, der automatisch auftritt, wenn mehrere Menschen mit derselben Gesinnung und demselben Ziel aufeinandertreffen, dem will ich mich nicht aussetzen. Außerdem habe ich ein Problem mit Männern in dieser Position, weil die in der Magie hauptsächlich Macht anstreben und ihr Ego bis zum geht nicht mehr ausleben. Eine Frau braucht keinen Mann zur Magie, ein Mann jedoch eine Frau, wenn auch meist nur zum Benutzen, zum Beispiel bei sexuellen Ritualen.«

Maggie hat sich ihr Wissen in langen Studien der Materie angeeignet, sich auch ausgiebig mit Astrologie beschäftigt, da jedes Ritual nur so gut wirken kann, wie es der Einfluss der Sterne zulässt. »Es hat zum Beispiel überhaupt keinen Sinn, wenn man an einem ›Mond im Fisch‹-Tag großartig hexen möchte, da hier Irrtümer passieren und Illusionen auftreten können, welche die Wahrnehmung stören. Der richtige Zeitpunkt ist unheimlich wichtig.«

Stichwort »unheimlich« – Uschi ist ganz und gar nicht gruselig zumute, sie fühlt sich pudelwohl und plaudert mit Maggie, als würde sie die Hexe schon seit Jahren kennen. »Maggie ist total locker drauf, es ist, als wäre ich mit einer Freundin im Kaffeehaus und redete über Kochrezepte.« Klar, Uschi und über Kochrezepte reden!

»Es gibt kein Schwarz und kein Weiß«, fährt Maggie fort, »man bewegt sich immer in einer Grauzone. Was für den einen gut ist, ist für den anderen schlecht, daher wird es immer einen Ausgleich geben.«

Maggie hat keinerlei Furcht vor der Magie: »Es gibt zwar immer wieder eines auf die Mütze, wenn man es übertreibt, und das ist ein göttliches Zeichen, das man beachten muss. Bedenken braucht man deshalb aber keine zu haben, wenn man sich an die Regeln hält und ein bisschen aufpasst.«

Jetzt erzählt die Hexe, dass sie großes Interesse an Horrorfilmen habe, auch Geister würden sie sehr faszinieren. Da ist sie bei Uschi an der richtigen Adresse! Lachend sagt Maggie: »Ich habe da ein kleines Häuschen, in dem wohnen meine Hausgeister. Die beschützen mich, dafür bekommen sie von mir Kuchen, Wurst und hin und wieder auch einen Schnaps.« Maggie erzählt jetzt, dass man sich als Hexe auch immer wieder mal gegen magische Angriffe seitens der Konkurrenz wehren müsse. Sie spüre genau, wann sich wer in ihr Leben drängen oder ihr schaden wolle und schlage dann eben zurück.

Womit hext Maggie am liebsten, will Uschi nun wissen. »Mit Kerzen. Da gibt es die unterschiedlichsten Rituale, und wenn man sich genügend konzentriert und den absoluten Willen und Glauben hat, wird es auch funktionieren. Man muss halt im Rahmen bleiben, Übertreibungen sind selten von Vorteil, auch in der Magie nicht.«

Uschi fragt nach, ob Maggie auch Liebesrituale für Kunden durchführt. »Nein, warum sollte ich? Ich mische mich nie in das Schicksal anderer ein, weil ich dann selbst diese Probleme abbekommen würde. Und das will ich einfach nicht. Ich erkläre jedem um Rat Suchenden oder um Hilfe Bittenden genau, was er machen muss. Das sind ganz einfache Kerzenrituale mit wenigen Zutaten, alles ist sehr übersichtlich – das ist für jeden Menschen zu schaffen. Es darf halt nur nicht am Glauben fehlen, sonst klappt es nicht.«

Könnte sie sich mithilfe ihrer Gabe nicht auch eine goldene Nase verdienen? »Ja, das wäre möglich«, bestätigt Maggie, doch das sei nicht das, was sie wolle. Sie würde einfach gerne beraten und helfen, lege auch Karten und gebe Tipps, aber Magie müsse jeder für sich selbst betreiben. »Und von den Anleitungen und Zutaten, die ich den Menschen verkaufe, kann ich ganz gut leben.«

»Gab es schon einmal ein Erlebnis, wo du es mit der Angst zu tun bekommen hast?«, will Uschi jetzt wissen. »Ja. Es gibt dunkle Energien, mit denen nicht zu spaßen ist. Und hätte ich damals keinen Rückzieher gemacht, ich weiß nicht, ob ich dann noch hier sitzen würde«, erinnert sich die Hexe und fährt fort: »Da ich der Meinung bin, dass sich gewisse ›Besetzungen‹ in Geisteskrankheiten zeigen können und der Sohn einer Bekannten darunter litt, wollte ich einen magischen Exorzismus betreiben. Der Betroffene und seine Mutter waren einverstanden und ich bereitete mich auf das Ritual vor. Doch in der Nacht vor der Austreibung wurde ich von dieser Energie heimgesucht, sie war durch und durch schwarz und mächtig und hing genau über mir. Dieses böse Etwas warnte mich davor, mich einzumischen, und ich verstand, dass ich in diesem Fall verlieren würde und der Sache einfach nicht gewachsen war. Ich musste also nachgeben und den Termin absagen. Da hätte selbst ein Bann- oder Schutzkreis nicht geholfen.«

Abschließend erkundigt sich Uschi, ob es auch negative Kraftorte gebe. Maggie bejaht. »Obwohl Hexen Wälder lieben, um Rituale in der Natur abzuhalten, gibt es auch dort Plätze, die Angst und Schrecken verbreiten. Im Neuburger Wald, der an sich durch seine idyllischen Plätze bekannt ist, ist mir das einmal passiert. Da befand ich mich plötzlich an einer derart negativen Stelle, dass ich mich nur noch zusammengekauert und zu meiner Göttin gebetet habe. Es war grauenhaft!«

Uschi hat keine Fragen mehr und überlegt, für welches Ritual sie sich entscheiden soll. Vielleicht das gegen Faulheit mit der Sieben-Tage-Glaskerze und den passenden Ölen? Oder das Glücks- und Erfolgsritual? Oder ein Liebesritual für den nötigen Kick in der Ehe? »Zu dieser Zeit lief bei mir zu Hause und am Arbeitsplatz alles schief«, erinnert sich Uschi, »ich konnte es kaum erwarten, das Experiment zu starten.«

Maggie macht ihr Mut, sie meint, Uschi hätte auf jeden Fall die Fähigkeiten dazu. »Die Ritualgegenstände haben nur symbolischen Charakter, du musst den Willen haben, magisch zu agieren, du musst daran glauben, dass es funktioniert – dann kannst du erreichen, was immer du willst.« »Und wozu sind die Öle?«, möchte Uschi wissen. »Die riechen einfach gut und fördern das Wohlbefinden, helfen, sich zu entspannen. Außerdem enthalten sie reinste Information und stimulieren dein Gehirn.« »Und welche Symbolik steckt in den anderen Utensilien?« »Die Kerze steht für das Feuer, ihre Farbe für dein Anliegen, ein Räucherstäbchen steht für die Luft, dazu noch ein Stein oder eine Wurzel für die Erde. Und gibt man das Öl in die Duftlampe, hat man das Wasser als letztes Element auch noch dabei.« »Was muss ich sonst noch beachten?« – »Zieh mit dem ausgestreckten Zeige- oder Mittelfinger einen Schutzkreis um deinen Kopf und den Ritualplatz, dann entspanne dich, visualisiere dein Anliegen und vor allem, mache es an einem astrologisch richtigen Tag. Du solltest auch ein Opfer bringen, nämlich das der investierten Zeit. Hudeln bringt gar nichts.«

Berauscht von all den Informationen, vielleicht auch ein wenig vom Schnuppern an den Ölfläschchen, verabschiedet sich Uschi, mit Kerzen und den anderen Ritualgegenständen beladen, und macht sich auf den Weg nach Hause.

Uschi hatte sich in der »Hexentruhe« für ein Umkehrritual zugunsten ihrer Familie entschieden, das heißt, alles Negative sollte sich zum Positiven wenden. Uschi befolgte Maggies Anweisungen bis aufs letzte Wort und hoffte, nein glaubte, an den Erfolg.

»Ich hab auf einen Zettel geschrieben, was zu diesem Zeitpunkt alles schieflief, auf einen anderen, wie es in Zukunft sein sollte. Dann hab ich das Öl ›Reverse‹ auf eine schwarze Kerze im Glas geträufelt und diese acht Tage hintereinander jeweils einige Zeit brennen lassen. Am neunten, dem Saturn-Tag, fand der Wechsel statt, eine rote Kerze, wieder mit Öl präpariert, musste fünf Tage lang angezündet werden – hier kommt wieder die Numerologie ins Spiel. Die Fünf steht u. a. für Vereinigung und Ausgeglichenheit, aber auch für Familie.

Und was soll ich sagen? Nur eine Woche später war alles wieder in Ordnung – ob das nun das Ritual bewirkt hat, mein Glaube daran, oder ob mein Mann und mein Sohn genau zu diesem Zeitpunkt einsahen, dass es so nicht weitergeht, kann ich natürlich nicht sagen.«

Und dann will es Uschi wissen. Sie fährt erneut zur »Hexentruhe« und deckt sich mit allen »Zutaten« für ein Erfolgsritual ein. »Ich zündete am richtigen Tag eine grüne Katzenkerze, mit dem Öl ›Erfolg‹ bestrichen, an und wollte unbedingt, dass Gabi und ich genug Werbung für unser Buch (»Geisterjäger – Auf den Spuren des Übersinnlichen«, Ueberreuter Verlag, Wien 2009) bekommen. Und zwei Stunden später erhielt ich mehrere Mails von Printmedien, die ein Interview mit uns machen wollten. Drei Tage danach hat die Redaktion von ›TV-Total‹ angerufen und mir gesagt, dass uns Stefan Raab als seine Gäste nach Köln einlädt. Zufall?«

Jetzt will es Uschi noch genauer wissen und stattet Maggie erneut einen Besuch ab. »Dieses Mal wollte ich Klärung im Berufsleben, da mein Job zu diesem Zeitpunkt wackelte. Und einige Tage später erhielt ich die Bestätigung, dass ich meinen Arbeitsplatz behalten würde.«

Uschi glaubt jetzt nicht mehr an Zufall und beschließt, diese Rituale in ihr Leben und ihren Alltag zu integrieren. Sie arbeitet seitdem des Öfteren mit Kerze, Öl und Co. und ist felsenfest von der Wirksamkeit der Hexenpraktiken überzeugt. »Auch wenn es vielleicht nur mein eigener Glaube und Wille ist, der etwas bewirkt«, so Uschi. »Und ein kleines Häuschen, wie Maggie eines für ihre Hausgeister hat, die dort von ihr gefüttert werden, hab ich mir auch noch zugelegt. Meine ›Gäste‹ bekommen allerdings hauptsächlich Schnaps – zur Motivation, mir geistreiche Einfälle zu bescheren!«

Ich gestehe, ich konnte mich Uschis Schwärmerei und ihren Erfolgsgeschichten nicht entziehen, und erstand in der »Hexentruhe« eine rote Frauenkerze und ein Liebesöl in der Hoffnung, zu einer Art »Männerfängerin von Hameln« zu mutieren, sodass sich niemand mehr meinem Charme würde entziehen können. »Steigerung des Charismas« nennt sich dieses Ritual in Maggies Praxisbuch.

Am 22. Jänner 2010 war es dann so weit: Den Schutzkreis zu ziehen, habe ich schon einmal vergessen, die rote Frauenkerze stellte ich auf eine leere Kartonschachtel, die zuvor Geschirrspültabs beinhaltet hatte, dann schmierte ich das Öl auf die Kerze, dimmte das Licht, entflammte den Docht und versuchte mich auf meine tolle Wirkung, die ich bald auf sämtliche Menschen, natürlich v. a. auf Männer, in meinem Umfeld haben würde, zu konzentrieren. In der Anleitung steht jedoch, man soll die Kerze ausblasen, wenn die Aufmerksamkeit nachlässt, und als ich nach etwa drei Minuten darüber nachzudenken begann, was ich am nächsten Tag kochen könnte, beendete ich das Ritual.

Da mir ja von Haus aus der Glaube an diese Art von Magie fehlt, wird das mit der Steigerung des Charismas auf diese Art und Weise wohl nichts werden. Na ja, man kann nicht alles haben!

Mich wunderte es daher auch nicht weiter, als dann die Weiterführung des Rituals ebenfalls seine Wirkung verfehlte: Man sollte das Liebesöl plus zusätzlich einem Pheromon beim Fortgehen an den »speziellen« Stellen (also hinter dem Ohr, am Handgelenk etc.) tragen, um seine Wirkung auf andere Menschen zusätzlich zu erhöhen. Als mich dann beim Feldversuch in einem Lokal auch nicht mehr Blicke als üblich trafen, mich die anwesenden Männer aber keineswegs mit selbigen verschlangen, nahm ich das eher gelassen zur Kenntnis!

Uschi merkte zu meinem Ritual-Versuch grinsend an: »Wahrscheinlich hast du Angst vor deinen magischen Fähigkeiten und kannst sie nicht zulassen. Deshalb nimmst du das auch automatisch nicht ernst – natürlich kann es dann nicht funktionieren.« Ach so!

TIPP

Kontakt zur Hexe Maggie Böhmer auf: http://www.hexentruhe.at

*»Langsam realisierte ich:
Der Schamane ist die kreative Antwort des Menschen
gegenüber der Anwesenheit der mythischen Dimension.«*

Stephen Larsen (geb. 1941),
US-amerikanischer Psychologe und Autor

Magischer Import – Bewusstseinserweiterung inklusive

Im europäischen Raum begnügen sich die Menschen ja schon seit einiger Zeit nicht mehr mit ihrer eigenen Kultur, Religion und magischen Tradition, sondern holen sich Anregungen aus der ganzen Welt. Doch es bleibt nicht bei dezenten Impulsen, es wird das Gedankengut aus der Ferne samt den dazugehörigen manchmal exotisch anmutenden Techniken zur Gänze importiert und die Saat in die heimische Erde gepflanzt. Doch da wir alle auf eben dieser Erde Gottes Kinder sind (oder einmal alle Affen waren) und somit einen gemeinsamen »Vater im Himmel« haben, sollte man diese Art des Fremdgehens mehr als Bereicherung denn als Verrat an der Heimat ansehen.

Ob man nun Christ oder Buddhist, eine Hexe oder eine Voodoo-Priesterin ist: Hauptsache, jeder respektiert das Gedankengut des anderen, solange derjenige nichts Schadhaftes damit anrichtet.

Natürlich gibt es auch kritische Stimmen zu diesen magischen Importen:

Die Ausbeutung der Spiritualität anderer Kulturen ist ein gut ausgebauter Geschäftszweig, den viele gerne nutzen – zuerst mit Büchern, später darauf aufbauend mit Seminaren, Vorträgen etc., um damit richtig Geld zu machen. Und das wird gerne ausgegeben – von vielen Suchenden, die denken, mit Nachahmung und mit Vereinnahmung der spirituell-kulturellen Riten aus der Fremde zu wahrer Erleuchtung zu finden.

Das lassen sich nun einige Völker nicht mehr gefallen und geben, zumindest schriftlich, ihren Widerspruch kund:

»Der Geruch des weißen Mannes tötet uns!«

Statement der Aborigines in Bezug auf die Ausbeutung ihrer Spiritualität.

Reine Übungssache

Diverse Stresskiller aus dem In- und Ausland erfreuen sich immer größerer Beliebtheit. Tragendes Element bei fast allen Entspannungsmethoden ist die spirituelle Praxis der Meditation (übersetzt mit »Ausrichtung zur Mitte«, auch in der Bedeutung von »das Nachdenken über etwas«) geworden, durch Konzentrationsübungen soll sich der Geist beruhigen und sammeln. Ziel dieser Gleichzeitigkeit von hellwacher Wahrnehmung und tiefer Entspannung ist es, zur Ruhe zu kommen oder sich über eine Sache klarer zu werden. Weitere angestrebte bewusstseinserweiternde Zustände: Stille, Leere, Erleuchtung, Fähigkeit zur paranormalen Wahrnehmung, Eins-Sein mit sich selbst und seiner Umgebung … je nach Wunsch und individueller Vorstellung.

Die Meditation ist ein wesentlicher Bestandteil vieler Religionen, ihre Wurzeln dürften in der buddhistischen Tradition Indiens aus der Zeit zwischen 700–200 v. Chr. liegen.

Im Buddhismus und Hinduismus ist das höchste Ziel der meditativen Praxis die Erleuchtung, im Christentum etwa ist es das Erfahren des Göttlichen (wobei dies die Christen sicherlich mit Erleuchtung gleichsetzen).

Die Techniken der »religiösen Meditation« sind vielfältig: Was dem Zen-Buddhismus etwa das Kinhin (Geh-Meditation) oder das Ikebana (Weg des Blumenarrangements, auch Kado genannt), dem Hinduismus und Buddhismus das Tantra (Arbeit mit zum Beispiel Mantras) oder Yoga (Körperhaltungen und -übungen, Atemtechnik oder auch Fasten), ist dem Christentum das Gebet (oft unter Verwendung eines Rosenkranzes, der eine Gebetsschnur darstellt) oder das Lauschen von monotonem Singsang (Choräle), das zur Kontemplation, also zur beschaulichen Betrachtung, dient. Das christliche Bestreben, sich für Gottes Geist zu öffnen, erfolgt in drei Schritten: Reinigung, Erleuchtung, Seeleneinheit mit Gott.

Natürlich gibt es auch noch andere Techniken wie Qi Gong (China), Kundalini (Indien) oder den Derwisch-Tanz (u. a. Türkei), die teilweise bereits bei uns heimisch sind.

Regelmäßige Meditation, ob aus religiösen Gründen, um simpel zu entspannen, oder mit der Hoffnung auf »nicht handelsübliche Wahrnehmungen« wird sogar von der westlichen Schulmedizin empfohlen: Die Hirnwellen verändern sich, der Herzschlag wird verlangsamt, die Atmung vertieft und die Muskelspannung reduziert.

Eine Stufe unter der Meditation liegt die Konzentration, eine darüber die Trance. Unter Trance versteht man einen schlafähnlichen und doch höchst konzentrierten Bewusstseinszustand, bei dem man inten-

TIPP

Nähere Infos auf: http://www.wien.shambhala.info
Wer es rein religiös mag, kann im buddhistischen Kloster Letzehof in Feldkirch (Vorarlberg), siehe http://www.rabten.at, oder im Kloster Kirchberg (Niederösterreich), siehe http://www.kloster-kirchberg.at, zur Ruhe kommen, sich in Kontemplation üben und vielleicht sogar »das Göttliche« erfahren.

siv mit einer Thematik beschäftigt ist. Unterschieden wird zwischen der

- spirituellen Trance: Dient meist zur Kontaktaufnahme mit Geistern oder anderen spirituellen Wesen oder Orten, kann verschiedene Ausprägungen zeigen wie komplettes »Wegtreten« bis hin zum »Aus sich Heraustreten« (Ekstase). Für magische Praktiken wie Orakelbefragungen werden Menschen dafür häufig auch unter Drogen gesetzt, zum Beispiel im Voodoo.
- hypnotischen Trance: Ist eher unterschwellig und beeinträchtigt das Wachbewusstsein nicht, oft wird hier mit Suggestionen gearbeitet (etwa »Du bist schlank«, »Du brauchst nie wieder einen Glimmstengel«), ist außerdem eine angewandte Technik bei der Reinkarnationstherapie. Vorsicht vor Abzockereien ist hier in allen Fällen angebracht!
- drogeninduzierten Trance: Finger weg!
- schmerzinduzierten Trance: Auch hier sind Drogen im Spiel, nämlich die Endorphine, die bei starken Schmerzen vom Körper ausgeschüttet werden, um das Leid zu lindern.
- traumatischen Trance: Ist schockinduziert, bei starken Angstzuständen oder psychischer Qual.

Bewusstseinsverändernde oder -erweiternde Erfahrungen haben in jedem Fall subjektiven Erlebnisgehalt und sind nicht von objektiver Bedeutung. Und sie haben noch eine Sache gemeinsam: Es können Halluzinationen auftreten! Daher ist die Frage: Wie ernst kann man etwas nehmen, das von einer Person, die sich in diesem Zustand befindet oder befunden hat, erzählt wird?

Schamanen und ihre Reisen zwischen den Welten

Unter Schamanismus versteht man ein magisches Phänomen, das reisende Europäer ab Ende des 17. Jahrhunderts in Sibirien und Innerasien beobachtet und beschrieben haben.

Auf der Suche nach den Wurzeln der schamanischen Praktiken entdeckte der Archäologe Horst Kirchner (1913–1990) seinen »Beweis« für ihre Existenz und datierte sie auf ca. 13 000 v. Chr. – er erkennt in der Zeichnung aus der Höhle von Lascaux in Frankreich (enthält einige der ältesten Malereien der Menschheitsgeschichte) die Darstellung einer Séance. Der abgebildete Mann ist laut Kirchner ein Schamane, das Bison das Opfertier und der Vogelkopf symbolisiere das Krafttier (dazu später mehr).

Christliche Querdenker wiederum behaupten, Jesus Christus wäre der allererste Schamane gewesen: Er verfügte über Geheimwissen, das ihn zum Heiler machte (Lukas 13, 13), schenkte Menschen den Glauben an die eigene Kraft (Lukas 8, 48) und trieb negative Geistwesen aus (Lukas 8, 30 und 11, 14).

Es wird allerdings auch von einem Volk namens Shamana erzählt, das auf einer höheren Schwingungsebene mit dem göttlichen Spirit verbunden gewesen sein und im Regenbogenland (von dem zum Beispiel die Aborigines gerne erzählen) gelebt haben soll. Wann, ist nicht ermittelbar.

Wo auch immer der reale Ursprung des Schamanismus liegt – im 20. Jahrhundert eroberte er jedenfalls die ganze Welt und erfreut sich bis heute, auch in unseren Breiten, immer größerer Beliebtheit.

Der Schamane, den man auch als spirituelles Pendant zum »Medizinmann« (der sich um die materielle Krankheitsbekämpfung kümmert) bezeichnen könnte, entwickelt Gedankengewebe gegen körperliche Beschwerden, ausgelöst etwa durch schwierige Lebenssituationen. Er begibt sich dafür mittels Trance in die jenseitige Welt und bittet die dortigen Wesenheiten wie Götter und Geister um Hilfe.

Schamanen tragen üblicherweise einen »Manyak«, ein Gewand, das aus Fellen von bestimmten Tieren hergestellt und mit Knochen und Federn bestückt ist. Praktischerweise kann diese Bekleidung auch im geistigen Sinne den schamanischen Körper bedecken – wäre wahrscheinlich auch ein wenig peinlich, wenn jemand tatsächlich mit einem Fummel aus Pelz und Hühnergebein, gespickt mit Vogelfedern in der Wiener Mariahilferstraße spazieren ginge. Entweder würde die betreffende Person von Tierschützern verfolgt oder von freundlichen Menschen in weißen Gewändern mit einer »Ich-hab-mich-lieb-Jacke« im Anschlag mitgenommen werden.

Will sich ein Schamane nun in Trance versetzen, tut er dies mit dem Schlagen auf eine Trommel, was den Herzschlag der Erde symbolisiert, dem Lauschen von Naturgeräuschen wie dem Plätschern eines Wasserfalls oder mit monotonem Gesang (Textstelle aus dem Lied eines Tschuktschen-Schamanen – die Tschuktschen sind ein indigenes Volk im russischen Fernen Osten: *»Alles, was ist, ist lebendig. Die Lampe geht umher, die Mauern des Hauses haben Zungen, auch der Nachttopf lebt in seiner eigenen Welt. Die Häute, die sonst in ihren Säcken schlafen, reden miteinander die ganze Nacht. Die Geweihe auf den Gräbern erwachen und formieren sich zu einer Prozession rund um die Grabhügel, während die Toten selbst sich erheben und die Lebenden besuchen.«*). Manch einer ahmt auch die Laute seines Krafttieres nach. Der Schamane tritt dann bei vollem Bewusstsein, hellwach und geistesgegenwärtig in die Anderswelt ein, wo er auf tierische Hilfsgeister trifft, die ihn führen und ihm ihre Kräfte leihen, damit er seine Aufgabe erledigen kann. Sie schenken dem Schamanen die Kraft der Medizin (Symbol für alles, was dem Menschen hilft, den Weg des Einklangs mit allem zu beschreiten) und vermitteln ihm die Botschaft, die er gerade braucht.

Daneben trifft der Reisende oft Geister in menschenähnlicher Gestalt. Diese sind keine ständigen Begleiter (außer es handelt sich um einen Schutzgeist, der häufig neben dem Krafttier auftritt), sondern sind Erfüllungsgehilfen, die sich jedoch meist äußerst berechnend verhalten. Abgesehen davon können diese Geister recht bösartig sein, sich auch rächen oder gegen den Schamanen kämpfen, denn sie vertreten nur ihre eigenen Interessen, das Wohlergehen anderer ist ihnen herzlich egal. Sie kennen auch keine moralischen Bedenken, sondern verrichten blind, solange sie davon profitieren, alle zugewiesenen Aufgaben – die Verantwortung dafür muss derjenige, der die Befehle erteilt, selbst übernehmen.

Der weggetretene und auf seiner Reise befindliche Schamane ist nebenbei immer noch in der Lage, mit den um ihn herum befindlichen Personen zu kommunizieren, Fragen zu stellen und Anweisungen zu geben. In der Parallelwelt gelten allerdings nicht dieselben Raum- und Zeitbedingungen wie bei uns: Vergangenheit, Gegenwart und Zukunft existieren gleichzeitig und sind abänderbar. Das heißt, mit einem Eingriff in die Vergangenheit kann man die Gegenwart beeinflussen. Die Zukunft stellt sich als Pool möglicher Ereignisse dar, von welchen manche, in Verbindung mit dem Menschen, wissentlich und unwissentlich realisiert werden.

An dieser Stelle nun eine schamanische Reiseanleitung für den Hausgebrauch:

Zuerst überlegt man sich, was man auf »der anderen Seite« eigentlich erfahren oder machen möchte und formuliert dieses Vorhaben klar und deutlich. Dann stellt man sich im Geiste einen Platz in der Natur vor, entweder einen realen oder einen nur in der Fantasie existierenden, und versucht ihn wirklich zu sehen, hören, fühlen und riechen. Routinierte Trancereisende behaupten, es würde sodann ein Tunnel erscheinen, den man bis zum Ende gehen muss, danach lande man in der Anderswelt. Nach erfolgreicher Besichtigung und Erledigung seiner Vorhaben geht man denselben Weg zurück und kommt – wenn man Glück hat – an derselben Stelle heraus, an der man eingestiegen ist. Und immer schön langsam marschieren, denn wer eilt, der stolpert und kann seiner astralreisenden Seele erheblichen Schaden zufügen.

Die zentrale Idee der schamanischen Hilfestellung ist, dass im belebten Kosmos alle in ihm befindlichen Wesen eine Energie, eine Seele besitzen und unmittelbar miteinander verbunden sind. Durch eine Veränderung im Bewusstsein könnten die Menschen diese Verbindungen anzapfen und damit das im Kosmos gespeicherte Wissen und die entsprechenden Kräfte erlangen.

Wie wird man nun zu einem »echten« Schamanen? Also eigentlich gar nicht, wenn man nicht über die begleitende und unterstützende Seele eines verstorbenen anderen Schamanen verfügt – so lautet das magische Paradigma. Und das läuft folgendermaßen ab: Es erscheint die Seele eines alten Schamanen und versetzt den Auserwählten in Bewusstlosigkeit, die mehrere Tage andauern kann. In diesem Zustand wird das »Opfer« von Visionen heimgesucht, aufgrund und innerhalb derer er sich entscheiden muss, ob er Schamane werden möchte. Das Totem-Tier des jeweiligen Stammes, das in der Vision auftaucht, führt den Auserwählten zu einem bestimmten Baum, aus dessen Rinde er den Rahmen seiner Trommel zu fertigen hat. Wenn der Betroffene aus der Bewusstlosigkeit erwacht und sich der Herausforderung stellt, muss er das Tier und den Baum im Wald suchen, seinen Trommelrahmen schnitzen und mit dem Fell des Stamm-Tieres überziehen. Die Seele des Geistschamanen führt den Auserwählten dann in das Himmelreich und zerlegt seinen Körper in Einzelteile, die dann wieder zusammengeflickt werden müssen, damit er mit neuen Schamanen-Kräften auf die Erde zurückkehren kann. Entscheidet er sich in der Vision gegen die Berufung, gibt es kein Morgen mehr, sprich, das Opfer wacht nie wieder auf. Also eigentlich hat man nicht wirklich eine Wahl, wenn man weiterleben will.

Natürlich geht es in unseren Breiten wesentlich zivilisierter zu, man muss weder ein Tier häuten, noch wird man auseinandergenommen und wieder zusammengepuzzelt, die Entscheidung, Schamane zu werden, ist bei uns auch keine auf Leben und Tod.

TIPP

Fühlt jemand sich nun auserwählt, mit oder auch ohne Vision, kann er sich in Österreich an die Internationale Akademie für Schamanismus in Ried im Innkreis (Oberösterreich), http://www.schamanismus-akademie.com, oder an den Internationalen Verband für Schamanismus und traditionelle ganzheitliche Heilmethoden in Wörschach (Steiermark), http://www.iv-schamanismus.at, wenden.

Man sollte allerdings, bevor Geld investiert wird, vielleicht auch wissen, was ein Schamane so alles zu tun hat (selbst wenn man kaum in die Verlegenheit kommen wird, selbiges zu leisten). Unter anderem stehen auf dem Programm:

- Kommunikation mit Gott bzw. anderen hohen geistigen Energiewesen und Verbreitung ihrer Botschaften,
- Einladung eines Geistes in den eigenen Körper, um mit dessen Hilfe weissagen zu können,
- Durchführung von Regen- und Blitzritualen: Umleitung der Blitzenergie zurück in den Himmel und Herbeizauberung von Regen in Trockenzeiten,
- Aktivierung von Krafttieren, mit deren Hilfe man Krankheiten erkennen und heilen kann,
- Kontaktaufnahme zu verstorbenen Seelen,
- Aufspürung störender Energien,
- Aussöhnung von Personen mit der Vergangenheit und den darin handelnden Mitmenschen,
- Aufbau von Schutzmechanismen.

Also man hat ganz schön viel zu tun als Schamane ...

Der überarbeitete Schamanismus

Als die Ära der Blumenkinder mit ihren Protesten gegen die Wohlstandsideale der Mittelschicht und die Zwänge und Tabus der Bürgerlichkeit Anfang der Siebziger zu Ende ging, wandten sich viele »Alternative« der Neomystik zu.

In diesem Zusammenhang wurde auch der »traditionelle« Schamanismus überarbeitet und an westliche, urbane Verhältnisse angepasst – man wandte sich dabei von der Kirche ab und dem Umweltschutz und anderen existenziellen Alternativen zu. Dabei stieß die Annahme, dass die Menschheit durch den Kontakt mit ursprünglichen Mythen zurück zur Harmonie mit »dem Heiligen« finden würde, auf großes Interesse bei den »spirituellen Suchern« der New-Age-Bewegung und zog sie in ihren Bann.

Von großer Bedeutung für die Entwicklung des Neoschamanismus waren die Publikationen des US-amerikanischen Anthropologen und

Schriftstellers Carlos Castaneda (1925–1998), der in seinen Büchern beschrieb, wie er mithilfe eines Yagui-Indianers namens Don Juan Matus seine eigene Stellung im Leben auf dem »Pfad des Wissens« erkannte. Castaneda will Matus, der zu seinem schamanischen Lehrer wurde, im Rahmen seiner Studien über die Indianer Mexikos und deren Gebrauch von Heilkräutern kennengelernt haben, durch ihn hätte er eine alternative Sichtweise von Wirklichkeit erlangt. Schon bald wurden jedoch sowohl die Existenz von Don Juan Matus als auch die Authentizität von Castanedas Berichten angezweifelt. Dennoch zogen seine Werke Tausende von Menschen auf der Suche nach Spiritualität in ihren Bann und lösten eine neue religiöse Bewegung aus.

Weit interessanter, wenn auch nicht so fantasievoll, sind meiner Meinung nach die Publikationen des US-amerikanischen Anthropologen Michael Harner (geb. 1929), der bei verschiedenen Indianergruppen in die schamanische Welt eingeführt wurde und dies im Gegensatz zu Castaneda auch beweisen konnte. Harner begründete 1979 die »Foundation für Shamanic Studies«, die zum wichtigsten Zentrum des Neo-Schamanismus wurde.

TIPP

Harner, Michael: Der Weg des Schamanen. Ariston Verlag, München 1999.

Die Hauptkonzepte des Neoschamanismus sind u. a.:

- Die Demokratie: Jeder Mensch hat die Fähigkeit zur Trancereise, diese kann allerdings aufgrund kultureller Muster verborgen sein und muss wiederentdeckt werden.
- Die nicht alltägliche Realität: Es soll durch Kontakt mit dem Selbst und mit der Unterstützung von Geisthelfern und Krafttieren eine spirituelle Welt entdeckt werden, die parallel zur physischen existiert.
- Die Imagination: Die Einbildungskraft, mit der man in der westlichen Welt häufig außergewöhnliche Geschehnisse erklärt, soll geschult und als Informationsquelle benutzt werden, um die nicht alltäglichen Realitäten zu einem Teil des Lebens zu machen.

- Das Heilen: Unter der Voraussetzung des Auffindens verloren gegangener Krafttiere sollen das Energiegleichgewicht wiederhergestellt und Kranke geheilt werden. Ein etwaiger Erfolg wird einerseits mit dem Placebo-Effekt erklärt, andererseits mit dem symbolischen Ansatz, der besagt, dass der Schamane dem Patienten eine neue Sprache zur Verfügung stellt, die es ihm ermöglicht, die der Krankheit zugrunde liegenden Konflikte zu verstehen, auszudrücken und zu transformieren.

Als Hilfsgeister fungieren im europäischen Schamanismus u. a. Runen (links), die ältesten Schriftzeichen der Germanen, die ein in sich abgeschlossenes Abbild des Multiversums repräsentieren.

TIPP

Zur Bedeutung der einzelnen Runen und der magischen Arbeit damit siehe http://www.kondor.de/runes/runen.htm oder Warneck, Igor: »Ruf der Runen«, Schirner Verlag, Darmstadt 2005.

Das Tier in dir und ein Stück für's Glück

Das Krafttier der Schamanen ist ein Geistwesen in Tiergestalt, ein spiritueller Wegbegleiter oder aber auch ein Seelengefährte. Der Begriff wird in manchen magischen Praktiken aber auch für das Tier, das in einem steckt, verwendet – wobei die Grenze der beiden Interpretationen fließend ist.

Ich kann mich in Bezug auf die zweite Definition an folgende Geschichte erinnern: Ein Freund von mir, nennen wir ihn Thomy, hatte von der Arbeit einer spirituellen Psychologin gehört, die zur Bekämpfung von Ängsten das »Tier in dir« zu entdecken und herauszulocken versprach. Thomy beschloss, die 50 Euro für dieses Experiment zu bezahlen, und nahm an einer der Sitzungen besagter Psychologin teil. Und die lief dann folgendermaßen ab: Frau Mirabell sprach kurz ein paar einleitende Worte und bat die Teilnehmer dann, sich in bequemer Haltung auf die vorbereiteten Matten am Boden zu setzen. Danach begann sie, die Personen mittels Trommelschlägen und monotonem Singsang in Trance zu versetzen und zu beschwören, »ihr« Tier (zu diesem Zeitpunkt wusste noch niemand, was genau für ein Vieh in ihm schlummerte) anzurufen und zu bitten, den Körper des jeweiligen Menschen kurzfristig vollständig in Besitz zu nehmen. Thomy beschreibt hier nun seine Erfahrungen: »Plötzlich änderten sich all meine Sinne, ich begann intensiv zu riechen und zu hören, mein Blickwinkel veränderte sich auf merkwürdige Art und Weise. Ich habe dann bemerkt, dass ich nicht mehr auf der Matte saß, sondern auf allen Vieren da stand. Dann bin ich schnüffelnd durch den Raum gelaufen und wusste instinktiv, dass ich zu einer Raubkatze geworden war. Auch die anderen haben sich seltsam benommen, ein Mann zum Beispiel wieherte und bleckte ständig die Zähne, eine Frau lag am Bauch und wand sich, während sie züngelnde Geräusche von sich gab. Ich habe alles bewusst mitbekommen, konnte aber nichts an meiner Situation ändern. Mit einem Mal ist das Gefühl noch intensiver geworden. Peinlicherweise bin ich dann zu Frau Mirabell hingeschlichen und habe sie ins Wadel gebissen.«

Die Sitzung wurde dann beendet und alle waren kurze Zeit später wieder sie selbst. Ob die Psychologin wegen des Bisses ärztlich behandelt werden musste, ist nicht bekannt – eine Anzeige wegen Körperverletzung gab es jedenfalls nicht.

Seine Ängste ist Thomy übrigens nicht losgeworden. Die Raubkatze, Gott sei Dank, schon (bzw. hat sie sich zumindest wieder zurückgezogen, wohin auch immer) – ich hätte nämlich nicht gewusst, wie ich den Eltern meines Freundes hätte erklären sollen, dass sie ihren Sohn ab sofort mit rohem Fleisch füttern müssen.

Doch zurück zum Schamanismus und seinen Krafttieren.

Eigentlich haben Tiergestalten in den alten Mythen und Geschichten immer schon eine Rolle gespielt, auch in vielen Sagen und Märchen kommt ihnen eine wichtige, oft sehr symbolhafte Bedeutung zu und in Fabeln werden sie in belehrender Absicht personifiziert (dies geschah bereits um 3000 v. Chr., aus dieser Zeit stammt zum Beispiel die »Fabel vom klugen Wolf und den neun dummen Wölfen« – es kommen hier tatsächlich nur Wölfe und keine Schafe vor).

Natürlich haben Tiere auch eine Seele, wie es schon in der Bibel heißt (Salomo, 3, 19-20): »Denn es geht dem Menschen wie dem Vieh: Wie dies stirbt, so stirbt er auch, und haben alle einerlei Odem, und der Mensch hat nichts mehr als das Vieh; denn es ist alles eitel. Es fährt alles an einen Ort; es ist alles von Staub gemacht und wird wieder zu Staub.« Tiere kann man also ohne zu zögern als auf einer Stufe mit dem Menschen stehend betrachten (was Instinkte betrifft, befinden sie sich allerdings mindestens eine Ebene über uns). In einigen Legenden finden wir auch die Behauptung, dass wir uns früher mit den Tieren verständigen konnten, eine Fähigkeit, die irgendwann einmal durch die konsequente Teilung der Lebensräume verschwunden ist. Man sagt jedoch, dass Schamanen diese Verbindung aufrechterhalten konnten. Und da sie in direktem Kontakt mit den Tieren stehen, liegt es ihnen fern, sie auf die Eigenschaften, welche die Menschen ihnen im Laufe der Zeit auf den Leib gedichtet, und auf die Charakterzüge, mit welchen wir sie im Vergleich mit uns selbst ausgestattet haben, zu reduzieren (schlauer Fuchs, falsche Schlange etc.).

Tiere als spirituelle Begleiter des Menschen finden sich eigentlich in jeder magischen Praxis wieder. Es wird davon ausgegangen, dass jedermann mindestens eines (bis unendlich viele) davon an seiner Seite hat, welche ihn ein Leben lang begleiten, ihm im Traum, aber auch in der Realität begegnen können (oder, wie Thomy am eigenen Leib zu spüren bekam, im Körper »seines Menschen« haust). Wünschenswert ist es laut diesem Gedankengut, dass man eine Beziehung zu diesem Wesen aufbaut. Allerdings wird in unseren Breiten dieses Tier nur als Träger seiner Eigenschaften betrachtet, die auf den menschlichen Partner übergehen sollen, seltener wird eine Kommunikation angestrebt (allerdings ist es auch wesentlich einfacher mit der Hauskatze zu plaudern als mit seinem Krafttier).

Im Schamanismus steht dieser spirituelle Austausch an erster Stelle, außerdem kommt jedem Tier eine bestimmte Bedeutung zu, die von Stamm zu Stamm variiert, ebenso werden den vier Himmelsrichtungen Krafttiere zugeordnet: Norden – Kolibri (die epische Reise der Evolution), Osten – Kondor (die Selbst-Transzendierung), Süden – Schlange (das bindende Prinzip), Westen – Jaguar (die erneuernde Kraft).

Die schamanischen Krafttiere helfen ihrem Herrchen (oder Frauchen, der Schamanismus ist keine Männerdomäne), sich in der jenseitigen Welt zurechtzufinden, Gegner zu bekämpfen, sie heilen Seelen, erteilen Ratschläge und Auskünfte und helfen dabei, Probleme zu lösen.

Außerdem, so habe ich mir sagen lassen, kann man sein Krafttier im Alltagsleben auch darum bitten, einen freien Parkplatz zu besorgen oder einen tropfenden Wasserhahn zu reparieren – das soll angeblich sogar meistens funktionieren. Wie praktisch!

Also ich persönlich fahre lieber Bahn, wenn eine kritische Parkplatzsituation abzusehen ist, oder rufe den Installateur, so ich den Hahn nicht selbst abdichten kann, da ich mich dahingehend nur ungern auf ein Lebewesen, das mich ausschließlich spirituell, also rein theoretisch, begleitet, verlassen möchte.

Hier nun eine Aufzählung schamanischer Krafttiere und ihrer Bedeutung:

ADLER

Er überprüft mit »Adleraugen« die Lebensenergie, vermittelt, dass man Niederlagen als Erfahrungen ansehen soll, weckt versteckte Kräfte und lehrt, die Angst vor Unbekanntem abzulegen. Durch ihn wird vermittelt, sich mit dem Element Luft auseinanderzusetzen, er macht damit auf Probleme mit den Atemwegen aufmerksam.

BÄR

Der Bär deutet darauf hin, dass man ruhiger in seinen Gedanken und Handlungen werden solle, nicht zu viel auf andere hören dürfe und sich auf sich selbst verlassen müsse. Er hilft Lösungen für Probleme und auch die Wahrheit zu finden, eventuell an einem Rückzugsort, wo man zur Ruhe kommen kann (wie der Bär in seiner Höhle).

ELEFANT

Dieses Tier will sagen: Vergiss deine Schüchternheit, kümmere dich mehr um deine Mitmenschen und isoliere dich nicht. Verzeih den

Menschen, die einmal Schlechtes über dich gesagt haben, denk nicht mehr an Rache und öffne dein Herz für sie, auch wenn du nicht so schnell vergessen kannst.

EULE

Die Eule als Nachttier rät, die Nacht zum Verbündeten zu machen, im Schutz der Dunkelheit wird man den Geistern begegnen und Weisheiten von ihnen erfahren. Sie weist auf Hellsichtigkeit und magische Fähigkeiten hin, außerdem auf eine gute Intuition, dank derer man sicher vor Heimlichkeiten anderer ist. Man solle sich auf seine Ziele konzentrieren und seinen Mitmenschen mit mehr Taktgefühl begegnen.

FALKE

Er bedeutet, dass man eine hohe Verantwortung gegenüber seinen Mitmenschen hat. Der, der über ihn als Krafttier verfügt, hat ein gutes Gedächtnis und kann besonders gut beobachten; eine Gabe, die man im täglichen Leben nutzen solle. Er macht auf mangelndes Durchhaltevermögen aufmerksam, aber auch auf Mut, Abenteuerlust und Beharrlichkeit, warnt jedoch vor Eitelkeit und Arroganz.

FUCHS

Der Fuchs weiß sich zu tarnen, er will daher sagen: Jemand will mehr über dich wissen und beobachtet dich, zieh dich daher für eine Weile zurück. Er meint allerdings auch: Beobachte dich selbst, achte darauf, worüber du mit anderen Menschen sprichst. Du plauderst gerne, auch wenn es nicht angebracht ist. Der Fuchs will außerdem mitteilen, dass man sorgfältiger mit der Wahl seiner Freunde sein muss und seine Familie schätzen solle.

HASE

Der Hase hat gelernt, auch in Gefahrensituationen Ruhe zu bewahren. Er ist sich seiner Schnelligkeit bewusst und sehr aufmerksam. Seine Aussage als Krafttier: Man soll nicht pessimistisch sein und Angst vor Krankheiten, persönlichen Niederlagen und Katastrophen haben. Es genügt, wenn man aufmerksam bleibt und erst dann reagiert, wenn wirklich Gefahr droht.

HIRSCH

Er warnt davor, zu übertreiben, sich zu verausgaben, über das Ziel hinauszuschießen und die eigenen Kräfte sinnlos zu verpulvern. Der Hirsch betont, dass es genügt, ein Ziel zu erreichen – man muss nicht immer der Erste sein. Er rät, die Liebe nicht aus den Augen zu verlieren, das Lachen nicht zu verlernen, kreativ zu sein und Spaß am Sex zu haben.

MAUS

Sie sagt aus: Achte auf die kleinen Dinge des Lebens, sie können sehr wichtig sein. Bring Ordnung in das Chaos deines Lebens und verschleudere nicht deine Liebe, deine Gefühle, dein Geld und deine Kräfte, sondern versuche damit hauszuhalten. Besinne dich auf das Wesentliche!

PFERD

Das Pferd weist darauf hin, dass man Reichtum und Macht nicht als Mittel zum Zweck gebrauchen oder sich vom Geld abhängig machen dürfe. Es will Demut und Dankbarkeit lehren, weiters, dass man Achtung nur durch gute Taten und Handlungen erlangt. Es deutet außerdem darauf hin, dass es wichtig ist, niemals den Humor zu vergessen und sich vor falschem Ehrgeiz zu hüten.

PUMA

Der Puma ist schnell und sehr stark. Er rät, das Selbstbewusstsein zu stärken und Vertrauen in sich selbst zu haben. Sein Erscheinen deutet darauf hin, dass man sich oft unverstanden fühlt und zur Melancholie neigt, er sagt aus, dass man nicht den Boden unter den Füßen verlieren und seine Visionen, die auf magische Kräfte hindeuten, ernst nehmen solle.

RABE

Der Rabe kann ins Jenseits und wieder zurück fliegen. Wenn jemand den Raben als Krafttier hat, steckt starke Magie in dieser Person. Sie hat hellseherische und heilende Kräfte, darf daraus aber keinen finanziellen Nutzen ziehen.

REH

Das Reh will sagen: Habe Liebe und Vertrauen, aber auch Mut und Durchsetzungsvermögen. Es versucht, Licht ins Dunkel der Gefühle zu bringen, und ermuntert dazu, Probleme mit Verständnis und Liebe zu lösen, Geduld mit anderen Menschen und ihren Schwächen zu haben, und zeigt den Hang zum Selbstmitleid auf.

SCHLANGE

Für dich gibt es keine Geheimnisse, sagt die Schlange, wenn man sie als Krafttier hat. Außerdem deutet sie darauf hin, dass man ein Heiler mit einer Hexenseele ist, bei dem sich die Menschen gerne Rat holen. Sie warnt allerdings vor Ungeduld und Intoleranz, außerdem vor Ungeselligkeit und Verschlossenheit.

WOLF

Der Wolf steht für Leidenschaft, Freiheit und Mystik. Er ist ein Lehrmeister der Menschen und warnt: Wechsle nicht zu oft den Partner, denn du träumst insgeheim von einer festen dauerhaften Beziehung, Zwänge und Enge unterdrücken dich allerdings. Schütze dich auch vor sogenannten Freunden, die dich nur ausnützen und sei nicht zu großzügig und gutmütig.

Leider ist es nicht möglich, sein Krafttier einfach so zu »ermitteln«, man muss laut der schamanischen Lehre bereit dafür sein, ihm zu begegnen, und die Reife besitzen, mit der Erkenntnis und dem Wesen selbst umzugehen. Kann man beides bejahen, begibt man sich in einen Trancezustand, in dem sich das Tier dann irgendwann zeigen sollte.

TIPP

Ruland, Jeanne: Krafttiere begleiten dein Leben. Schirner Verlag, Darmstadt 2004.

Doch auch Kraftgegenstände sind von großer Bedeutung für den Schamanen, genau genommen kommt kaum ein »Magier« ohne sie aus. Sie fungieren als Behelfsmittel bei der Ausübung von Ritualen, als Schutzsymbol vor dem Bösen oder auch als Talisman.

Manchmal werden Gebrauchsgegenstände nur einmalig verwendet – will man zum Beispiel mit dem längst unter der Erde weilenden Ur-Opa plaudern, könnte zur Kontaktaufnahme sein Lieblings-Kaffeehäferl dienen, das, allerdings ausschließlich zu diesem Zweck, immer wieder gebraucht werden kann. Andere Objekte wiederum sind in jede magische Handlung integriert, zum Beispiel das Pentagramm zur Abwehr böser Energien.

Arbeitet man schamanisch, sind manche Dinge einzig und allein für einen bestimmten Zweck zu gebrauchen, oft darf sie auch niemand anderer anfassen als der Schamane selbst. Dazu gehören Trommeln, Ritualschmuck, Amulette, Fetische u.s.w. Diese Kraftgegenstände werden benannt und belebt, das bedeutet, man gibt ihnen einen Namen und spricht den Grund aus, aus dem heraus sie benutzt werden, danach bittet man sie um Mithilfe bei dem geplanten Ritual. Das heißt im Falle des Ur-Opas, dass das Häferl etwa »Schnuffi« getauft und, nachdem anerkannt wurde, dass der Geist des Verstorbenen in ihm noch vorhanden ist, selbiges ermächtigt wird, Hilfe zu leisten, um den Kontakt zu dem Toten herzustellen. Nach dem Ritual, bei dem die Tasse Medium spielen durfte, wird selbige aus dem Dienst entlassen und darf wieder ausschließlich ein stinknormales Trinkgefäß sein. Man sollte jedoch niemals vergessen, seinen Kraftgegenstand spirituell zu reinigen und sich währenddessen bei ihm zu bedanken. Darüber wird sich das Kaffeehäferl ganz sicher freuen.

Besonders gut geeignet für magische Handlungen sind Steine, welchen Schamanen ein eigenes Bewusstsein zusprechen – sie können daher den das Ritual Durchführenden wesentlich besser und tatkräftiger unterstützen als Materie, die erst belebt werden muss. Bleibt nur zu hoffen, dass etwa der Rosenquarz bei schlechter Laune nicht bewusst keine Lust dazu hat mitzuhelfen.

Kraftgegenstände kann man allerdings auch selbst anfertigen, wenn diese zum Beispiel helfen sollen, bei einem speziellen Anliegen eine

Lösung zu finden (vergleichbar mit einer Voodoo-Puppe – nein, nicht um dieser Nadeln in den Leib zu rammen, sondern um vielleicht einen bestimmten Körperteil zu heilen). Solche Objekte sind besonders wirksam, da bereits bei ihrer Herstellung und Gestaltung viel Kraft und Energie auf diese überspringt. Nach dem Ritual, wenn das Ding seinen Zweck erfüllt hat, wird es vollständig der Natur übergeben (vergraben, verbrennen, im Wasser versenken etc.) als symbolischen Akt des Abschlusses der Angelegenheit bzw. als Tribut an die Anderswelt.

Hilfe in fast allen Lebenslagen

Da Schamanen ja eigentlich fast alles zuzutrauen ist, verwundert es kaum, dass sie auch Hilfe bei Problemen in der Partnerschaft anbieten.

Black Eagle aus Wien bspw. nimmt durch »die Reise« Kontakt mit seinen Spirits auf, empfängt dabei Bilder und erhält Informationen über den Zustand der Beziehung. Er sieht, ob die Verbindung noch in Ordnung ist oder die beiden betreffenden Menschen sich innerlich bereits voneinander gelöst haben. Black Eagle ist dann angeblich in der Lage, das Zueinander zu stärken oder die Trennung auch äußerlich energetisch zu vollziehen.

TIPP

Siehe http://www.schamanismus-tantra.at.

Praktischerweise werden über die Homepage von Black Eagle und seiner Partnerin, der »Hexe« Walpurga (die u. a. Tantra-Massagen im Programm hat – das nenne ich Teamarbeit), auch natürliche Potenzmittel verkauft: Pejuta Wakan in Tabletten-, Pulver- oder Pflasterform. Die »Heilige Medizin«, ursprünglich Lakota genannt, enthält luststeigernde Inhaltsstoffe wie Ginseng, Damiana, Ginkgo, Paradiesnuss, Muria Puama (indianisches Potenzholz) und verspricht eine Verbesserung von Erektionsfähigkeit, Empfindsamkeit und Ausdauer beim sexuellen Akt. Die Wirkungsdauer soll zwischen 12 und 35 Stunden liegen. Ich meine: »Hilft's nix, schadet's nix!«

Black Eagle hat aber noch vieles mehr im Hilfspaket: Er betätigt sich u. a. als Tierflüsterer (assistiert von seiner Hündin Dakota), hebt Besetzungen, Flüche und Süchte auf und vollzieht schamanische Rituale bei Geburten, Hochzeiten und Todesfällen.

Schamanen beherrschen angeblich auch die Kunst der Psychometrie, eine sogenannte Kraftgegenstandsreise, welche direkt oder mittels Fernabfrage durchgeführt werden kann. Bei dieser Praxis werden Objekte mit der Bitte um Information spirituell bereist, um etwas über ihre Geschichte, Eigenschaften, Herstellung, ihren Gebrauch oder über ihre Besitzer in Erfahrung zu bringen. Grundgedanke dabei ist, dass auch Gegenstände Energien besitzen und speichern können, diese also abrufbar sind.

Sieht man in einem Fernsehkrimi jemanden mit verklärtem Blick ein T-Shirt in Händen halten und knuddeln, murmelt diese Person dazu vielleicht auch noch Unverständliches und kann wenige Minuten später Auskunft zum spurlos verschwundenen Träger des Kleidungsstückes geben, handelt es sich eindeutig um Psychometrie.

Obwohl – in der Definition der Online-Enzyklopädie Wikipedia heißt es: »Die Psychometrie ist das Gebiet der Psychologie, das sich allgemein mit Theorie und Methode des psychologischen Messens befasst. Hauptaufgaben der Forschung sind v. a. die Entwicklung und Verbesserung von theoretischen Ansätzen sowie die Erarbeitung von grundlegenden Methoden für die Entwicklung von Messinstrumenten und von allgemeinen Vorgehensweisen für psychologische Messungen, sowohl für grundlagenorientierte als auch anwendungsorientierte Teilgebiete der Psychologie.«

Schön, mir ist die magische Definition lieber – klingt weniger kompliziert!

Der parapsychologischen Psychometrie sehr ähnlich ist das Remote Viewing (RV) – ebenfalls sehr beliebt bei den Schamanen. Bei diesem Phänomen wird davon ausgegangen, dass es möglich ist, Informationen über Dinge zu erlangen, die sich außerhalb des unmittelbaren Zugriffs des jeweiligen Menschen befinden – also in weiter Ferne, in der Vergangenheit oder der Zukunft, versteckt oder auch abstrakt.

Was der Schamane mittels Trancereise zur Erlangung von Auskünften über diese Dinge erledigt, wurde in den USA zur »Wissenschaft«. Dort bildete sich um 1970 eine Gruppe, bestehend aus sechs Medien, die sich der Untersuchung des RV verschrieben und damit experimentierten. Dieses Projekt wurde in den 70er- und 80er-Jahren u. a. von der US Army und amerikanischen Bundesbehörden wie NASA und CIA, später der DIA (Defense Intelligence Agency), die dem Projekt den Codenamen »Stargate« verpasste, finanziell unterstützt und erfolgreich bei militärischen und kriminologischen Zielen eingesetzt. 1989 ist das Programm dann für geheim erklärt worden, bis man ihm 1995 den Geldhahn zudrehte – bis zu diesem Zeitpunkt waren immerhin rund 20 Millionen Dollar geflossen. Die offizielle Begründung für den Entzug der Unterstützung lautete, die Arbeit mit RV habe nicht viel gebracht.

TIPP

Jelinski, Manfred: Remote Viewing. Verlag Ahead and Amazing.

Das Freiburger »Institut für Grenzgebiete der Psychologie und Psychohygiene« stellte 1980 ebenfalls einen RV-Versuch an. Der Bericht über den Erfolg des Experimentes wurde im »Journal of Parapsychology«, Volume 44, Nr. 4, unter dem Titel »Transcontinental Remote Viewing« von Elmar Gruber und Marilyn Schlitz veröffentlicht.

Im selben Jahr, in dem das RV-Programm in den USA für geheim erklärt wurde, also 1989, fand die Erstaufführung von Columbos – gemeint ist der unentwegt Zigarre rauchende, schusselig wirkende Inspektor mit dem zerknautschten Trenchcoat und der hellblauen Rostlaube – »Tödliche Tricks« (Originaltitel: »Columbo Goes To The Guillotine«) statt. In dieser Folge wird unter der Aufsicht der CIA und des Pentagons ein »eigenartiges Experiment« (so steht es in einem Episoden-Guide, es handelt sich dabei allerdings um RV) durchgeführt, in dem Elliott Blake, gespielt von Anthony Andrews, seine hellseherischen Fähigkeiten unter Beweis stellen soll – er schummelt allerdings und natürlich kommt ihm Columbo auf die Schliche.

Das Experiment mit der Schamanin

Bereits im Vorfeld der »praktischen Übung« hatte ich die Möglichkeit, mich mit »unserer« Schamanin, Petra Lipp, im Rahmen eines zufälligen Zusammentreffens im Freundeskreis über ihre Berufung zu unterhalten. Ich lauschte interessiert, als ich ihr in einem Lokal gegenübersaß und sie mir von ihrem Zugang zur Geisterwelt erzählte. Sie und ihr Mann hatten es sich zur Aufgabe gemacht, mit auf der Erde haftenden Seelen von Verstorbenen in Kontakt zu treten und sie zu erlösen. »Doch irgendwann konnten wir nicht mehr«, berichtete Petra, »es wurden immer mehr und mehr, unser Haus glich einem Bahnhof – die Gestalten kamen und gingen, und wir hatten keine Zeit mehr, um andere Dinge zu erledigen. Als die Geister sich dann auch noch angewöhnten, ungebeten in unserem Schlafzimmer zu erscheinen und uns aufzuwecken, war Schluss damit. Mein Mann und ich mussten einen Schutzwall um unser Heim errichten, und wir bitten die unerlösten Seelen jetzt nur noch dann zu uns, um ihnen zu helfen, wenn wir wirklich Zeit und Lust dazu haben.«

Zum schamanischen Experiment habe ich dann Uschi geschickt, die hierfür zu Petra nach Salzburg gefahren ist. Begleitet wurde sie dabei von ihrer Freundin Heike.

An einem kühlen Spätsommertag erreichen die beiden Frauen das große, moderne Haus der Familie Lipp. Auf der Terrasse wird Kaffee serviert und geplaudert, später gesellt sich auch Petras Mann Günther zu der illustren Runde. Petra beginnt dann von ihrer spirituellen Laufbahn zu berichten:

»Ich wusste anfangs nicht, wohin mit mir und meiner Hellsichtigkeit, fand dann aber relativ bald die Erfüllung im Schamanismus. Die Arbeit mit den Ahnen, die Trancereisen mit den geistigen Führern und den Krafttieren … das war genau das Richtige für mich. Und ich wollte immer schon andere heilen und das scheint auch wirklich meine Bestimmung zu sein.«

Uschi möchte wissen, welche Krafttiere Petra zur Seite stehen.

»Eigentlich ist es immer nur eines, auch wenn es insgesamt mehrere gibt. Diese wechseln sich aber auch von Zeit zu Zeit ab – oder es taucht ein neues auf. Momentan habe ich einen Drachen.«

Günther wirft ein, dass er diese Tiere auch sieht und erzählt die Drachen-Geschichte: »Petra hat mich angerufen und war ganz euphorisch. Sie schwärmte von ihrem neuen Begleiter ohne zu sagen, um wen es sich dabei handelte. Ich lachte nur und sagte: ›Ich weiß, ich habe den Drachen heute Morgen schon bei uns im Garten sitzen gesehen.‹«

Petra sieht bereits seit ihrer Kindheit Geist- und Naturwesen, hatte ursprünglich auch Angst vor ihnen. »Es war eine echte Herausforderung für mich, in der Nacht durch den Wald zu streifen, um mich den Wesen zu stellen. Da sind die unglaublichsten Gestalten aus allen Winkeln und Ecken gekrochen, haben sich von den Bäumen heruntergelassen und sich mir in den Weg gestellt. Doch als ich bemerkte, dass ich mit ihnen kommunizieren kann und sie mich daher respektieren, ist die Furcht verschwunden.«

»Und wie sehen diese Wesen aus?«, will Uschi wissen.

»Das kann man schwer beschreiben«, so Petra, »manche nehme ich nur als Farbe wahr, einige sehen aus wie Menschen, andere wiederum sind eher tierähnlich. Die Waldgeister sind eigentlich die unattraktivsten, die haben überall Wurzeln und Knubbeln am Körper.«

Uschi erinnert sich: »Ich musste mir ein Grinsen verkneifen, denn ich dachte die ganze Zeit über an die hässlichen Figuren in ›Herr der Ringe‹. Einige davon sind in dem Film ja auch ganz schön aggressiv, daher wollte ich wissen, ob Petra es auch schon mit ›bösen‹ Waldgeistern zu tun hatte.« Die Schamanin erklärt, dass Menschen Naturwesen oft bei ihren Heilritualen für die Natur stören und das dann auch zu spüren bekommen würden.

»Wie?«, fragt Uschi neugierig nach.

»Günther und ich gehen manchmal in eine nahe gelegene Au walken. Während einer dieser Wanderungen blieb mein Mann plötzlich wie angewurzelt stehen und meinte, dass ihm übel geworden sei. Und dann habe ich den Spirit gesehen: Er war riesengroß und bäumte sich bedrohlich vor uns auf. Auf meine Frage, was los sei, antwortete er nur kurz und bündig: ›Ihr stört!‹ Wir sind dann einen anderen Weg entlanggegangen, weil wir wussten, dass wir nicht an ihm vorbeigekommen wären.«

»Aber so etwas seht doch nur ihr. Was, wenn ich da marschiert wäre? Ich hätte den doch umgerannt. Oder wäre er dann ausgewichen?«

»Uschi, den hättest selbst du nicht ignorieren können. Kein Mensch wäre an dem vorbeigekommen, egal ob sensitiv oder nicht«, behauptet Petra.

»Willst du bei einem Heilritual zuschauen?«, fragt die Schamanin plötzlich und erhebt sich aus ihrem Sessel. »Mein Sohn hat sich heute Morgen am Ellenbogen verletzt.« Und schon ist sie entschwunden, um ihr Kind aus dem Zimmer zu holen und es schamanisch von seinen Schmerzen zu befreien.

Uschi schildert: »Wir gingen dann in Petras Ritualzimmer und schufen einen heiligen Raum, indem wir in alle Richtungen die guten Geister und Elemente angerufen und um Schutz und Unterstützung gebeten haben. Petra hat eine Schale mit Wasser aufgestellt – in der sollte später die schlechte Energie landen –, eine Kerze angezündet, Räucherstäbe entflammt und dann den Sohnemann auf einen Stuhl gesetzt. Danach ist sie mit ihrer Trommel um ihn herummarschiert, schwenkte dabei einen Räucherstab und pfiff und trommelte, als gäbe es kein Morgen mehr. Währenddessen strich Petra immer wieder über den Arm des Jungen, um die Schmerzen imaginär abzustreifen und warf sie in die Wasserschale. Das Ganze hat etwa eine Stunde lang gedauert – mir sind schon die Augen vor Langeweile zugefallen. Doch Petras Sohn ist es hinterher besser gegangen, er meinte, die Schmerzen wären beinahe verschwunden.«

Uschi, froh, dass das Ritual zu Ende ist, bittet die Schamanin nun, ihr das »dritte Auge« zu öffnen. Es handelt sich dabei um ein energetisches Zentrum in der Mitte der Stirn, zwischen Haaransatz und Augenbrauen, welches als hellsichtiges Organ der Wahrnehmung angesehen wird.

»Ich dachte, es könnte nicht schaden, ›sehender‹ zu werden. Außerdem wollte ich wissen, ob sie das bei mir schafft.«

Petra erklärt sich einverstanden.

Uschi: »Im Prinzip hat es sich um dasselbe Ritual gehandelt – wenn ich das gewusst hätte … sie hat sich hierbei natürlich nicht auf meinen Arm, sondern auf den Punkt zwischen meinen Augen konzentriert. Mir wurde dann auch schwindelig, wahrscheinlich deshalb, weil da dauernd etwas vor meinem Gesicht passiert ist. Sonst habe ich keine Veränderung bemerkt, was ich Petra nach Beendigung des Rituals auch mitgeteilt habe.«

Doch die Schamanin lächelt nur, zerrt Uschi hinaus auf die Terrasse und dann in den Garten zu einem großen Baum. »Petra sagte, ich soll die Pflanze fixieren, dann die Augen schließen und sie mir danach weiterhin vorstellen, sie visualisieren und ihr mitteilen, was ich wahrnehme. Doch ich habe gar nichts gesehen, nur Schwärze, und das sprach ich auch laut aus. Petra wollte daraufhin ihren Baumspirit ersuchen, sich mir zu zeigen. Plötzlich sah ich einen roten Punkt und teilte das Petra mit, woraufhin sie mir riet, den Baumspirit zu bitten, näherzukommen. Das habe ich gemacht, und tatsächlich wurde der rote Punkt immer größer. Wären meine Augen nicht geschlossen gewesen, hätten sie wahrscheinlich Untertassengröße gehabt, so überrascht war ich. Dann wurde der Punkt mit einem Mal wieder kleiner, der Baum hatte wahrscheinlich keine Lust mehr, vor mir herumzutanzen. Ich habe Petra dann spontan umarmt und mich bedankt, weil das ein sehr nettes Erlebnis gewesen ist. Mir wurde dabei einmal mehr klar, dass man nicht alles verstehen muss, was um einen herum passiert, und dass ich der magischen Welt, zu der ich immer noch recht wenig Zugang habe, einen Schritt näher gekommen war.«

TIPP

Kontakt zur Schamanin Petra Lipp auf: http://www.shamanic-help.com/lipp-petra

»Es ist traurig, zu denken, dass die Natur spricht und die Menschen nicht zuhören.«

Victor Marie Hugo (1802–1885),
franz. Lyriker und Maler

Stimmen im Wind

Es ist traurig, zu denken, dass die Natur spricht und die Menschen nicht zuhören.« Victor Hugo könnte damit einerseits die Tierlaute gepaart mit Wassergeplätscher und Laubgeraschel gemeint haben oder aber die tonlose Sprache, symbolisch also für »was uns die Natur lehrt«. Oder, diese Möglichkeit darf einfach nicht außer Acht gelassen werden, hatte der Mann während seiner Spaziergänge »Stimmen im Kopf«, die niemand außer ihm hörte und daher jeder ignorierte?

Mit an Sicherheit grenzender Wahrscheinlichkeit hat er jedenfalls nicht auf die Natur- oder Elementargeister angespielt, die angeblich munter vor sich hin plaudern, wenn der Tag lang und die Nacht finster ist. Doch es gibt Menschen, die sich sehr ausgiebig mit diesen Wesen beschäftigen, ihnen zuhören und ihre Aussagen ernst nehmen.

Bereits für das Buch »Spuk in Wien – Von verborgenen Geistern und Spuren ins Jenseits« (Ueberreuter Verlag, Wien 2004) trat ich mit Elfenfreunden in Kontakt. Gerhard Kogoj und Margot Ruis erzählten mir damals ausführlich von ihrer Kommunikation mit diversen Naturgeistern wie Baumelfen, Erdmännchen oder Devas (Elementargeister des Windes) und referierten mit erhobenem Zeigefinger (oder dem grünen Daumen) über die Umweltverschmutzung und die Ausbeutung der Natur, wobei sie an die Verpflichtung der Menschen erinnerten, an der Erdheilung mitzuwirken. Ich konnte zwar logisch nachvollziehen, dass dieses Gesprächsthema in aller Naturgeistermunde war (und immer noch ist), und doch fiel es mir schwer, meine kindlichen Vorstellungen von süßen Zwerglein und lieblichen Elfen – die, so dachte ich, eher oberflächlich plänkeln als philosophieren – zu Grabe zu tragen. Endgültig gelöscht wurde meine romantisch-naive Fantasie mit einer Beschreibung von Gerhard Kogoj: »Ich habe kleine, klobige Männlein gesehen, die hatten stumpfe Gliedmaßen und eine Art Rechen als Mund.«

Aber jetzt bin ich ja erwachsen und denke, vielleicht gibt es doch »nur« die idyllische Natur und keine tadelnden Bäume und stumpfgliedrigen Harkenmäuler – und wenn schon Naturwesen, dann bitte nur solche mit zarten Körpern und buntschillernden Flügeln: Libellen zum Beispiel.

WALDZAUBER

Der Blibberblubberplätscherbach, murmelgluckert sanftgemach,
kristallenklar und klirrendkalt, durch den Blätterraschelwald.

Bienengesumme, Hummelgebrummel,
munteres Ameisenhaufengetummel,
tautropfenschweres Spinnengespann,
Flatterflirrfalter im Blumenduftbann.

Kribbelkrabbelkäferlein, himmelhochheißer Strahlsonnenschein,
Vogelgezwitscher zwischen den Zweigen,
farbenfroher Libellenflugreigen.

Nach einem Plitschplatschrieselregen,
Gatschmatsch auf den Wurzelwegen,
glitschrigschlüpfrig grünes Gras,
alles schütteltropfennass.

(Gabriele Hasmann, 1995)

Elementargeister und Feenwesen – und wo sie zu finden sind

Jede Kultur hatte zu jeder Zeit ihre Naturgeister.

Aber ist eine Wiese, wenn auch belebt, wirklich beseelt? Gedeihen grüne Gewächse, weil sie von den Nährstoffen in der Erde, vom Regen (oder der Gießkanne) und der Luft am Leben erhalten werden oder möglicherweise deshalb, weil ihre »Pflanzengeister« sie versorgen und schützen? Wird die Sauberkeit der Gewässer von den Umweltschutzbehörden oder doch von »Wassergeistern« kontrolliert und aufrechtzuerhalten versucht? Wenn wir den Wind säuseln oder den Sturm toben hören, lauschen wir dann in Wahrheit vielleicht dem Singen oder den Rufen der »Luftgeister«? Und ist das Erdreich von kleinen Männchen bevölkert, die es – in Zusammenarbeit mit den Regenwürmern

– düngen und mit Sauerstoff versorgen? Ist gar das Auffinden von Erdställen (dazu später mehr) ein Beweis für die Existenz dieser Zwerge?

Die Wesen, die nicht ausschließlich in Pflanzen hausen, sondern generell in den vier Elementen (laut dem griechischen Philosophen Thales von Milet, um 624–546 v. Chr., den Grundbausteinen allen irdischen Seins) zugange sind, nennt man auch Elementargeister, mit welchen sich u. a. Paracelsus (um 1493–1541) ausgiebig beschäftigte.

Zu der »Vier-Elemente-Lehre« wurden allerdings bereits wesentlich früher Eigenschaften von Aristoteles und Körper von Platon beigesteuert, weitere Anhänger dieser konsequenten Vierer-Einteilung gaben ihren Senf in Form von Geschmacksrichtungen und Farbtönen dazu. Außerdem orientierte sich auch noch Galenos von Pergamon (um 129–216, griechischer Arzt und Anatom) mit seiner »Vier-Säfte-

	Erde	Wasser	Luft	Feuer
Himmelsrichtung	Norden	Westen	Osten	Süden
Farbtöne	»schmutzig«, z. B. oliv	hell, z. B. weiß	»schwer«, z. B. blau	leuchtend, z. B. orange
Geschmack	scharf, beißend	salzig	süß, aromatisch	bitter, brennend
Wesen (nach Paracelsus)	Gnome	Undinen	Sylphen	Salamander
Tierkreiszeichen	Stier, Jungfrau, Steinbock	Krebs, Skorpion, Fische	Zwillinge, Waage, Wassermann	Widder, Löwe, Schütze
Körper nach Platon	Würfel (6 Flächen)	Ikosaeder (20 Flächen)	Oktaeder (8 Flächen)	Tetraeder (4 Flächen)
Eigenschaften nach Aristoteles	kalt und trocken	kalt und feucht	heiß und feucht	heiß und trocken
Vier-Säfte-Lehre nach Galenos	Schwarze Galle	Schleim	Blut	Gelbe Galle
Temperament	melancholisch	phlegmatisch	sanguinisch	cholerisch
Wesenszug	beharrend	unsicher	heiter	kühn

Lehre« an der Erde, dem Wasser, der Luft und dem Feuer. Ebenso sind auch die Tierkreiszeichen den vier Elementen zugeordnet.

Würde man hier nun kombinieren, könnte man zum Beispiel die Gnome eher im kalten, trockenen Norden finden, sie wären schmutzig und aufgrund ihrer schwarzen Galle melancholisch und beharrend, würden sich Stiere, Jungfrauen und Steinböcke halten, am liebsten Chili essen und in ihrer Freizeit ständig Würfelpokern.

Neben den Elementargeistern gibt es dann noch die Wesen der Feenwelt, also bspw. Elfen (Elben, Alben) oder Dryaden (Baumgeister), man kann die Geschöpfe aber auch nach ihrem »Einsatzgebiet« benennen, also etwa Bergelf, Wassermädchen oder Waldgeist. Dann muss man noch zwischen gebundenen und ungebundenen Wesen unterscheiden: Solche, die zu Pflanzen gehören, dürfen diese niemals verlassen, die anderen hingegen können sich in ihrem Lebensbereich frei bewegen. Die Naturgeister können mikroskopisch klein sein und einen Wassertropfen beleben oder aber auch groß und mächtig und einen ganzen Berg behüten. Generell ist das Erscheinungsbild, also Größe, Gestalt und Farbe, meist an ihren »Wohnort« angepasst. Das alles behaupten jedenfalls jene, die diese Geschöpfe angeblich wahrnehmen und mit ihnen in Kontakt stehen.

Margot Ruis beschreibt einige ihrer Freunde folgendermaßen: »Die Baumelfen sehen menschenähnlich aus, haben gütige Gesichtszüge, oft langes Haar. Die Bergwesen sind groß und wuchtig, Wassermädchen sind klein und zartgliedrig. Alle diese feinstofflichen Naturgeister wirken transparent, und sie sind alterslos, da ihre Zeitrechnung nicht mit unserer vergleichbar ist. Aber sie können ebenso krank werden wie wir und auch sterben. Ich habe schon mehrmals Elfen mit von Umweltgiften zerfressenen Umrissen gesehen, oder Donaufrauen, die sich in Licht auflösten, weil sie ihren Lebensbereich nicht länger vor dem Übergriff des Menschen bewahren konnten. Denn das ist die Hauptaufgabe dieser Wesen, den ungebundenen wie auch den gebundenen: Sie haben den Auftrag, die Umgebung oder auch etwa die bestimmte Pflanze, der sie zugeordnet sind, bis hin zur Selbstaufgabe zu schützen und zu verteidigen.«

Bereit zur Kommunikation mit den Menschen sind eher die Wesen aus der Feenwelt. Allerdings gibt es eine Ausnahme: die Zwerge (oder Gnome, Trolle, Wichtel und Kobolde), die ja laut Paracelsus den Elementargeistern (der Erde) zuzuordnen sind. Wohnen sollen die Kleinen u. a. in den Erdställen (»Stall« als Ableitung von »Stelle« nicht von der Viehunterkunft), auch Schrazellöcher genannt (Zwerge werden im Volksglauben auch als Schrazel oder Schranzen bezeichnet), davon gehen jedenfalls einige Naturgeist-Forscher aus.

Für Praktiker und v. a. für Geologen sind die Erdställe von Menschenhand im Mittelalter geschaffene verzweigte, unterirdische Gang- und Kammersysteme – zu welchem Zweck diese angelegt wurden, ist bis heute allerdings unklar. Erdställe, vorwiegend in Löss- oder Sandsteingebieten, gibt es in Bayern, Österreich, Polen, Tschechien, der Slowakei und Ungarn. Solche mit vergleichbarer Bauweise, aber anderer Zeitstellung und vermutlich auch anderer Funktion, tauchten in Großbritannien, Irland, Spanien und Frankreich auf. Die Gangsysteme findet man meist unter Häusern, Kirchen und Kellern, aber auch im freien Gelände. Die Zugänge sind dabei schwer zu entdecken, da sie meist sehr eng und klein sind. Die Höhlen selbst sind manchmal nicht mehr als 40 Zentimeter hoch und nur auf dem Bauch liegend zu erkunden (natürlich nicht für Zwerge, die sind klein genug, um dort noch Trampolin springen zu können).

! TIPP

Erdställe in Niederösterreich: Nonndorf (mit Rundgang unter einem Bauernhof), Kleinzwettl (unter einer Wehrkirche), Ruppersthal (unter mehreren Grundstücken des Ortes) oder Gaweinstal (bei einer Kellergrabung zufällig entdeckt, http://erdstall.heim.at).

Auch der Untersberg ist laut einer Sage von Zwergen unterwandert – er sei im Inneren hohl und voll mit Palästen, Kirchen, Gärten, Gold- und Silberquellen, welche von kleinen Männlein bewacht würden. Diese wandern angeblich oft um Mitternacht in die Stadt Salzburg, um in der Domkirche einen Gottesdienst zu halten.

Wie kann man nun mit den Feenwesen in Kontakt treten? Margot Ruis verrät, dass sie ihren Gartengeistern oft einen Rosenquarz oder Bergkristall schenke, damit sie die Pflanzen besser gedeihen lassen. »Das ist ein Zeichen, dass wir an sie glauben, somit erhöht man die Chance, dass sie sich eines Tages auch zeigen.«

Margot kommuniziert allerdings nicht nur mit ihren Geistern, sie erzählt, dass ein Baumspirit sie sogar von ihren Kreuzschmerzen befreit hat: »Bei einer Wanderung lehnte ich mich gegen eine Eiche, um mit ihr in Kontakt zu treten. Ich löste mich aus meinem grobstofflichen Körper und trat durch den Stamm in den Raum unterhalb des Baumes ein, als mir der Elf zähe, elastische Flechten von der Wirbelsäule entfernte und mich mit einer undefinierbaren Flüssigkeit massierte. Als ich aus der Feinstofflichkeit der Baumenergie austrat, waren meine Beschwerden verschwunden.«

Margot Ruis und Gerhard Kogoj raten jedenfalls, mit offenen Augen über die Wiesen, durch die Wälder und den eigenen Garten zu gehen und aufmerksam hinzuhören, dann könne man vielleicht, irgendwann, möglicherweise mit einem Feenwesen plaudern.

! TIPP

Kontakt zu Margot Ruis und Gerhard Kogoj: danamudra@gmx.at

Im oberen Mühlviertel, nahe der tschechischen Grenze, liegt »Am Hintring« (Stifter-Panoramaweg Richtung St. Stefan am Walde) eine unberührte Moorlandschaft, über der sich die Wipfel einiger Birken zu einer Art Naturtempel zusammenbeugen. Hier soll man in hellen Mondnächten oder bei Nebel Elfen tanzen sehen.

Begibt man sich allerdings tatsächlich auf die Spur der Feen, sollte darauf geachtet werden, nicht auf einen ihrer Pfade (Wege, welche diese Wesen zur Überwindung großer Distanzen benutzen) zu geraten, diese führen den Menschen nämlich angeblich stundenlang in die Irre. Noch unangenehmer wäre es, eines der Feentore zu passieren; das sind unauffällige, gut versteckte, dunkle Pforten in die Feenwelt, die meist nur für eine gewisse Zeit offen sind (sowohl Malven als auch Alm-

TIPP

Wer sich einen Überblick über nationale und internationale Feen verschaffen möchte, findet hier ein kleines Lexikon: http://www.feenreich.de/feen/lexikon.html

rausch sollen die Nähe eines solchen Tores anzeigen). Ist ein Mensch erst einmal eingetreten, gibt es meist kein Zurück mehr.

Ich für meinen Teil werde mich beim Spazierengehen auch weiterhin ausschließlich am Rauschen des Windes, an Wassergeplätscher und verschiedensten Tierlauten erfreuen – denn genau das ist ja das Schöne am Aufenthalt in der Natur: Dass man der Welt der permanenten Kommunikation und Informationsflut entfliehen und in die der Ruhe und der Friedlichkeit eintaucht, sprich, dass man dort mit niemandem reden oder jemandem beim Plaudern zuhören muss.

Doch schon Johann Wolfgang von Goethe (1749–1832) wusste: »Jedem erscheint sie (die Natur) in einer eigenen Gestalt. Sie verbirgt sich in Tausend Namen und Termen und ist immer dieselbe.«

Mein Freund der Baum

Von allen Pflanzen unter der Sonne ist der Baum dem Menschen wohl die liebste. Vielleicht beeindruckt seine Größe (Was ist denn auch an einem mickrigen Grashalm im Vergleich zu einer dicken Kastanie mit ausladender Krone noch imposant?) oder es liegt daran, dass ein Baum uralt werden kann und so manches Exemplar ein Monument der Natur darstellt. Leitet man »Monument« aus dem Lateinischen ab (lat. monore: erinnern), wird wahrscheinlich klar, was wir u. a. an Bäumen noch faszinierend finden: Sie haben, oft jahrhundertelang, alles »mitbekommen«, was in ihrer Umgebung passiert ist, und haben, geht man davon aus, dass Geschehnisse Energien hinterlassen, diese Informationen in sich gespeichert.

Zurück zu den Baumelfen: Schon in frühen Zeiten hatte jedes Dorf seinen heiligen Baum, in dem der gute Geist der Gemeinschaft lebte, welcher den Bewohnern angeblich als »Geist« (in Tiergestalt oder als

Elfe) erschien – so die Überlieferungen. Am Fuße dieser heiligen Bäume errichtete man meist einen Opfertisch. Die Kelten umgaben ihn mit einem Hain, der als Orakelstätte (man nahm an, dass weissagende Gottheiten Bäume als Medium, quasi als Kanal zwischen Himmel und Erde nutzten), Zeremonienplatz, Versammlungsort und Stätte der Rechtssprechung fungierte. Die Römer wiederum benutzten Bäume gerne als Hinrichtungsstätten – bei Kreuzigungen etwa, wenn kein passendes Holzgestell zur Hand war. Und dass im »Wilden Westen« Verurteilte an einem dicken Ast aufgeknüpft wurden, ist auch hinlänglich bekannt.

Sehr viel freundlicher im Vergleich zu heute verhielten sich früher die Holzfäller: Wenn sie einen Baum töteten, entschuldigten sie sich artig für ihre Tat, bevor sie loshackten (allerdings musste zuvor vom Priester des Ortes festgestellt werden, dass in dem Opfer kein Naturgeist steckte). Elfenfreunde behaupten daher, dass das Baumsterben auf das Eingeschnapptsein der Dickstämmer zurückzuführen sei, weil heute kein Waldarbeiter mehr um Verzeihung bitte, bevor er zur Motorsäge greift.

Aber gerade in der heutigen Zeit entdecken viele Menschen ihre Liebe zu den Bäumen wieder: Sie laufen mit Herzerln in den Augen durch den Wald und umarmen alles, was groß, rindig und belaubt oder benadelt ist. Andere wiederum haben bereits einen ausgesuchten Favoriten (etwa im Garten) und liebkosen diesen öfter als ihren Partner.

Es lässt sich jedoch nicht leugnen, dass ein großer, gesund aussehender Baum Kraft und Erhabenheit ausstrahlt, gleichzeitig Ruhe und Zufriedenheit vermittelt (außerdem spendet ein dichtes Laubhaupt erfrischenden Schatten an sonnig heißen Tagen).

Jede Baumsorte hat eine eigene Symbolik, die Linde zum Beispiel ist ein Sinnbild ehelicher Liebe, der Güte, der Gastfreundschaft und der Bescheidenheit. Und ein alter Volksglaube besagt, dass, wenn bei der Geburt einer Tochter eine Linde gepflanzt wurde, die Eltern am

! TIPP

Laudert, Doris: Mythos Baum. Geschichte – Brauchtum – 40 Baumporträts. Blv Buchverlag, München 2004.

Zustand derselben erkennen können, wie es dem Mädchen geht, nachdem diese das gemeinsame Heim verlassen hat.

Auch die Bibel kommt nicht ohne Baum-Symbolik aus – ich sage nur »Adam und Eva im Paradies«: Zuerst genierten sich die beiden für ihre Nacktheit und bedeckten diese mit Feigenbaumblättern, dann naschten sie vom »Baum der Erkenntnis«, was Gott ausdrücklich verboten hatte. Wie die Sache ausging, ist bekannt: Adam beschuldigte Eva, diese schob es wiederum auf die Schlange, woraufhin die beiden Menschen (die Schlange durfte bleiben) aus dem Garten Eden vertrieben wurden, Adam sich künftig auf dem Feld abrackern und Eva unter Schmerzen die Kinder gebären musste – und das alles wegen einem Stück Obst. Übrigens steht in der Bibel nicht, dass es sich bei der verbotenen Frucht um einen Apfel handelte!

Und dann die Sache mit der Dornenkrone: Diese wurde Jesus von Nazareth von römischen Soldaten aufgesetzt, während sie ihn misshandelten und verspotteten, weil er nicht bestritt, der König der Juden zu sein. Dass er diese auch noch während der Kreuzigung trug, wird in der Bibel nicht erwähnt (wahrscheinlicher war es eine Dornenhaube – auch nicht angenehmer). Die Pflanze, die für den Schmerz am Haupt des Heilands verantwortlich war, könnte ein Christusdorn, eine dornige Bibernelle oder ein Weißdorn gewesen sein.

Nun noch eine kurze Zusammenstellung unserer Baum-Oldies: Der älteste Baum der Welt steht in den White Mountains von Kalifornien – eine 4900 Jahre alte Grannenkiefer.

Die älteste Eiche Europas jedoch steht in Österreich, nämlich in der Steiermark, in Bierbaum, nördlich von Fürstenfeld. Sie hat mehr als 1000 Jahre auf dem Rindenbuckel, ist fast 9 Meter dick und 22 Meter groß. Im selben Alter ist eine denkmalgeschützte Eibe im Garten der österreichischen Heilmittestelle in Wien (am Rennweg). Es wird vermutet, dass es sich bei dieser Baumdame um die einzige Überlebende eines von den Römern dort angelegten Eibenhaines handelt.

Erwähnenswert ist außerdem die ebenfalls 1000-jährige Linde am Hemmaberg im Bezirk Völkermarkt in Kärnten.

Wer stört?

Dass nicht alles, was in der Natur kreucht und fleucht, ein Tier oder ein Naturgeist sein muss (aber sein kann), schildert Theodor Fontane (1819–1898) in seinen »Wanderungen durch die Mark Brandenburg«:

»›Der Blumenthal‹, das heißt, der Blumenthalwald, ist der Name eines großen Forstreviers, das den Hohen-Barnim von Westen nach Osten hin durchzieht und durch die von Berlin nach Wriezen führende Straße fast seiner ganzen Länge nach durchschnitten wird.

›Der Blumenthal‹ hat seine Romantik. Etwas von dem Zauber Vinetas ist um ihn her und die Sage von untergegangenen Städten, verschwunden in Wasser oder Wald, begleitet den Reisenden auf Schritt und Tritt. Wer um die Mittagsstunde hier vorüberzieht, der hört aus Schlucht und See herauf ein Klingen und Läuten, und wer gar nachts des Weges kommt, wenn der Mond im ersten Viertel steht, der hat über Stille nicht zu klagen, denn seltsame Stimmen, Rufen und Lachen ziehen neben ihm her.

Und ein schöner Wald ist ›der Blumenthal‹. Die vielen Seen, die ihn durchschneiden, geben, auch wo sie nicht sichtbar werden, seinem Laub eine duftige Frische und ein Blühen ist ringsum, als wolle es der Wald immer wieder beweisen: ich bin ›der Blumenthal‹ …

… Aber an Unheimlichem fehlt es noch immer nicht. Das Wildschwein hat es nicht vergessen, dass Jahrhunderte lang ihm diese Stelle gehörte, und in Sommernächten, wenn der Rapsduft vom Felde her in den Wald zieht, dann bricht es in sein altes Revier ein, erst in die ›Suhle‹, dann in die Saat und tritt nieder und wirbelt auf. Wer dann im ›Blumenthal‹ seines Weges kommt, der hört ein Lärmen und Johlen, ein Grunzen und Quietschen wie in alter Zeit, und er weiß nicht, ist es ein Hexensabbat oder die wilde Jagd.«

Quelle: http://www.textlog.de/40517.html

Und einem Ort, der mit dem Attribut »unheimlich« ausgestattet ist, musste natürlich auch Uschi einen Besuch abstatten, und zwar im Herbst 2009.

»Heike, Günther und ich trafen am Campingplatz in Tiefensee ein, um das ganze Wochenende lang den Spuk von Blumenthal zu erkunden. Wir hatten davon gehört, dass in der Umgebung des Waldes immer wieder Häuser, Wege oder Zäune auftauchen und dann wieder verschwinden würden. Mit gemischten Gefühlen machten wir uns durch den Wald auf den Weg zum See. Mir fielen v. a. die eigenartigen Bäume auf, die sich teilweise wie zu Toren geformt über unseren Köpfen wölbten. Am See passierte nichts Ungewöhnliches, wir saßen am Wasser und genossen die Idylle.

Doch der Schock kam am Weg retour zu unserer Unterkunft: Der Pfad zum See war verschwunden und wir mussten uns durch ein Feld zurück zum Wald kämpfen. Ich hatte den Trampelpfad zuvor gefilmt, er existierte zu diesem Zeitpunkt, doch später war er tatsächlich nicht mehr vorhanden. Dann der nächste Schock: Als wir aus dem Wald traten und die Straße zum Campingplatz hinuntergehen wollten, standen alle Häuser plötzlich auf derselben Seite wie eine Stunde zuvor (liegt etwas links, muss es ja logischerweise, wenn man von der anderen Seite kommt, dann rechts liegen), also zeigte sich uns das Bild spiegelverkehrt. Wir sind dermaßen irritiert gewesen, dass wir beschlossen, gleich schlafen zu gehen, um in der Nacht fit für einen neuen Besuch am See zu sein, in dessen Nähe es ja am heftigsten spuken soll. Wir sprachen nicht mehr über den verschwundenen Weg und die seitenverkehrten Häuser, denn hätten wir uns damit auseinandergesetzt, wären wir wahrscheinlich sofort nach Hause gefahren.

Gegen 23 Uhr brachen wir mit Regenschirmen und Kameras bewaffnet erneut Richtung Blumenthalsee auf. Die Häuser standen wieder »richtig«, der am Nachmittag nicht auffindbare Pfad war plötzlich wieder an Ort und Stelle. Doch ich hatte die ganze Zeit über das Gefühl, als würden mich 1000 Augenpaare mit ihren Blicken verfolgen, auch Heike und Günther wirkten beklemmt und schienen Angst zu haben. Unten am See begannen wir zu fotografieren, als Heike plötzlich aufschrie, sie habe zwei Schattengestalten am Waldrand gesehen, was Günther bestätigte. Ich war in der Zwischenzeit mit dem Gemurmel beschäftigt, das um mich herum losgebrochen war. Doch als nichts Aufregendes mehr passierte und es heftig zu regnen begann, beschlossen wir abzubrechen. Gott sei Dank blieb es am nächsten Tag trocken und so konnten wir uns die Gegend ein wenig genauer ansehen. In der Nacht machten wir uns erneut auf den Weg zum Wasser, platzierten die Geräte und harrten der Dinge, die da kommen sollten. Aber vorerst passierte nichts, außer dass Heike drei weiße Säulen mitten am See entdeckte, später ein Licht im Wald und Günther Schritte neben sich vernahm, obwohl keiner von uns in der Nähe gewesen ist. Aber solche Dinge machen Geisterjägern nicht wirklich Angst. Doch zwei Stunden später der Schock: Ich wechselte gerade die Akkus der Kamera, als ich vor Schreck beinahe in den See gefallen wäre – eine Männerstimme hatte mir laut einige unverständliche Worte ins Ohr gezischt. Geistesgegenwärtig richtete ich die Kamera auf die Stelle neben mir, aber ich konnte nichts erkennen und hoffte, dass die Stimme aufgenommen worden war. Tatsächlich, auf dem Band konnte man laut und deutlich das unheimliche Zischen hören. Ich denke, wir sind hier wohl auf Wald- und Seegeister gestoßen – es ist aber auch nicht auszuschließen, dass es ›normale‹ Geister (also Seelen von Verstorbenen) gewesen sind. Fest steht, dass wir die Wesen offensichtlich gestört haben, und ich denke, das wollten sie uns irgendwie mitteilen.«

Johanna und die sieben Zwerge

Johanna Kothbauer, unsere Begleiterin durch die Welt der Feen und Co., erzählt, welche Beziehung sie zu diesen Geschöpfen hat und was sie mit ihnen erlebt:

»Seit meiner Kindheit bin ich mit Naturwesen, sprich Zwergen, Feen und Nixen auf vertrautem Fuß. Sie begleiten mich, sofern ich das auch will, auf meinen Wanderungen und oft ergibt sich ein Gespräch oder ein kleines Spiel. Sie sind neugierig auf Menschen und ich bin neugierig auf sie. Zwerge sind immer für ein ganz bestimmtes Gebiet zuständig. Die Grenzen sind klar durch Bäume, Wiesen oder andere Merkmale gekennzeichnet. Manchmal fühle ich mich bei meinen Spaziergängen wie der Stab bei einem Staffellauf, der von Gebiet zu Gebiet weitergereicht wird, begleitet von dem Ruf ›Hier kommt ein Mensch, der mit uns reden will!‹

Gespräche mit Zwergen, die ich auch Erdlinge nenne, verlaufen immer informativ – für beide Seiten, manchmal kommt es allerdings auch zu Verständigungsschwierigkeiten oder Missverständnissen.

An der Unterscheidung zwischen giftigen und genießbaren Pilzen zum Beispiel arbeiten wir noch. Die Wesen freuen sich immer, mir einen Wald voller Pilze zu zeigen, wissen sie doch, dass ich auf Schwammerlsuche bin. Ein Fliegenpilz oder ein Herrenpilz, für sie sind beide wunderschön und sie können nicht verstehen, dass ich nicht beide Sorten mag und mit nach Hause nehmen möchte.

Ein anderes Beispiel: Vor einigen Jahren wollte ich den Zwergen Fußball spielen beibringen. Mit Tannenzapfen. Sie waren begeistert, doch kaum schoss ich mit meinem Fuß in unser imaginäres Tor zwischen zwei Baumstämmen, sprangen sie strahlend zur Seite und freuten sich über jeden Treffer, der mir gelang. Ich erklärte ihnen, das sei nicht der Sinn des Spieles – ihre Aufgabe wäre es, den Tannenzapfen zu halten und damit ›das Tor‹ zu verhindern; zurück kam Verständnislosigkeit auf der ganzen Linie. Meine Zwerge erklärten mir völlig erstaunt, Blockaden aufzubauen, wäre völliger Unsinn, Energie müsse fließen! Ihr Vorschlag war, die Spielregeln einfach zu verändern und möglichst viele Tore zu schießen.«

Das Experiment mit der Feenflüsterin

Uschi trifft sich mit Johanna Kothbauer an einem regnerischen Tag im August 2009 in Sooß (Niederösterreich, Bezirk Baden), um mit ihr die Welt der Feen zu erkunden. Uschi will gleich zu Beginn wissen, wie Naturgeister aussehen. »Das kann man nicht verallgemeinern, jeder nimmt sie anders wahr.« »Also tragen Zwerge kein grünes Gewand und rote Zipfelmützen?«, hakt Uschi grinsend nach (obwohl diese Vorstellung nicht zur Gänze jeglicher Grundlage entbehrt – manche »Naturwesenforscher« wollen wissen, dass besagte rote Zipfelmützen ätherische Auswüchse der Kronenchakren seien).

Johanna lacht: »Nein, mir ist noch keiner begegnet, der auf diese Art bekleidet gewesen wäre.«Die Feenflüsterin erklärt weiter: »Du musst dir das so vorstellen, jedes Blatt, jede Blume … alles ist von Naturwesen besetzt. Am hübschesten sind allerdings die Blumenelfen, vielleicht begegnest du heute ja einer.« Uschi trottet brav durch den regennassen Wald und hofft, etwas wahrzunehmen, »aber ich hab wirklich nichts gesehen!«

»Und was machen diese Geschöpfe, wenn sie ihr Zuhause verlieren, wenn zum Beispiel ein Baum gefällt wird?« Johanna erklärt, dass, wenn eine Pflanze stirbt, auch ihr Geist gehen müsse. Die ungebundenen Feen könnten allerdings ihre Aufenthaltsorte wechseln. Nixen würden einfach weiterwandern, wenn »ihre« Wasserstelle versiegt.

Uschi fragt weiter nach, ob es an diesem Ort auch Waldelfen gebe. »Sicher, warum sollten gerade hier in Sooß keine unterwegs sein?«, lacht Johanna. »Schauen wir mal, ob wir eine treffen!«

»Ich war gespannt wie ein Bogen, aber auch etwas entnervt«, erinnert sich Uschi, »meine Kamera hatte den Geist aufgegeben, und das Diktafon scheuerte an der Jacke, sodass die Tonaufnahmen unbrauchbar sein würden. Doch ich latschte brav weiter durch den Regen, weil ich immer noch hoffte, einer Fee zu begegnen.«

Plötzlich bleibt Johanna auf einer Lichtung stehen. Sie zeigt auf einen Busch inmitten des hohen Grases und flüstert: »Da steht einer. Er bewacht diesen Platz!« Uschi: »Ich schaute und schaute und sah … nichts! Dann fragte ich nach, was ich tun solle, um den Buschelf wahrnehmen zu können.« »Er will, dass du ihn berührst«, meint Johanna. Uschi marschiert in die Mitte der Lichtung und ruft: »Ok, es geht los. Wo ist er?« »Strecke deine Arme aus und gehe zu dem Busch. Und dann sag mir, was du fühlst.« Uschi schließt die Augen, »weil es ja egal war, ich konnte ihn ja nicht sehen«, und führt ihre Hände rund um das Gesträuch. »Ich spürte eigentlich nichts, außer vielleicht ein leichtes Kribbeln.« »Jetzt geh ganz nahe an den Busch heran, sodass du ihn fast berührst«, gibt Johanna die Anweisung. Uschi öffnet die Augen und fragt nach: »Ja, aber dann greife ich doch durch ihn hindurch, wenn er da steht?« »Du kannst ihm nicht wehtun. Geh näher und sag mir, was du spürst!« Uschi tut, wie ihr geheißen. »Und plötzlich griff ich in etwas Kaltes – das war ein ordentlicher Schock, weil der Unterschied zur Temperatur, die es an diesem Tag hatte, so groß war«, schildert Uschi ihr Erlebnis. Und es sollte noch besser kommen.

Die beiden Frauen spazieren weiter durch den Wald. Johanna erzählt, dass der Kontakt zu den Feenwesen auch sehr praktisch sei, weil sie und ihr Mann, wenn sie Schwammerl suchen gehen, immer Wetten abschließen, wer mehr findet. Da habe sie einen klaren Vorteil, weil ihr die Erdlinge verraten würden, wo die besten Plätze zu finden wären. Außerdem wisse sie auch immer sofort, wenn keine gute Schwammerlzeit ist, denn auch das würden ihr die Zwergerln mitteilen. »Aber die Kleinen können auch ganz schön stur sein. Ich habe zum Beispiel festgestellt, dass es sinnlos ist, die Naturwesen zu fotografieren – man sieht auf den Bildern nichts. Doch als die Erdlinge mich beim Fotografieren im Wald gesehen haben, wollten sie auch unbedingt abgelichtet werden. Ich erklärte ihnen, dass es nichts bringt – und dann waren sie beleidigt und verschwanden.« Mittlerweile sind Uschi und Johanna auf einem schönen Platz mitten in den Weingärten angekommen und Johanna fragt nach, ob Uschi etwas spüre. »Ich habe nichts Besonderes empfunden … angeblich soll dort ein Kraftort sein. Na ja, für mich jedenfalls leider überhaupt nicht«, bedauert Uschi. »Aber vielleicht habe ich auch deshalb nichts davon bemerkt, weil ich noch so angespannt war wegen der Sache mit dem kalten Buschelf.«

Doch plötzlich bleibt Johanna stehen und deutet auf einen Baum: »Komm, geh zu dem hin.« »Wieder ein Elf?«, will Uschi wissen. »Nein, aber umarme den mal!« »Oh je«, denkt Uschi, »jetzt wird es peinlich.« Doch sie befolgt den Rat, drückt sich gegen den Stamm und umfängt den Baum mit beiden Armen. »Ich hatte das Gefühl, etwas zieht mich in die Erde, als ob ich Blei an den Beinen hätte.« Johanna erklärt, dass ihr damit gezeigt wird, dass sie sich mehr erden müsse. »Ich hab das ja wirklich gespürt … allein, mir fehlte der Glaube«, lacht Uschi. »Allerdings hat mir diese Wanderung mit Sicherheit die Natur viel näher gebracht. Und wer weiß, vielleicht gibt es sie ja wirklich – die Naturgeister, die ihre Pflanzen lieben und ihren Lebensraum bis hin zur Selbstaufgabe verteidigen und schützen.«

TIPP

Kontakt zu Johanna Kothbauer auf: http://www.kothbauer.eu

*»Ungeheuer gibt es wirklich und Geister gibt es auch.
Sie leben in unserem Inneren und manchmal gewinnen sie.«*

Stephen King (geb. 1947),
US-amerikanischer Schriftsteller

Die Geister, die ich rief …

Die Geister, die ich rief, werd ich nun nicht los« – so ging es schon dem Zauberlehrling aus der Feder des damals 38-jährigen Dichters Johann Wolfgang von Goethe.

Die Ballade erzählt von einer unbekümmerten und unüberlegten Kontaktaufnahme mit der Geisterwelt, die dem Auszubildenden des Hexenmeisters beinahe zum Verhängnis wird: Aufgrund seiner ungenügenden Kenntnisse wird er des Spuks nicht mehr Herr und so läuft der zum Leben erwachte Besen nicht nur Wasser holen, sondern tanzt dem Nachwuchszauberer auf der Nase herum, indem er sich nicht mehr stoppen lässt. Erst der heimkehrende Meister kann dem Treiben ein Ende bereiten.

Obwohl sich Interessierte heute überall Anleitungen zum Abhalten von Séancen und für den Umgang mit dem Ouija-Brett (oder anderen Hilfsmitteln) besorgen können, sei doch davor gewarnt: Labile Charaktere könnten eine solche spiritistische Sitzung rasch zu ernst nehmen und auf böse Art und Weise geistig verletzt werden.

Ich denke ja gerne an meine »Ouija-Zeit« zurück. Es muss in etwa 20 Jahre her sein, als einige Freunde und ich mittels dieses Bretts und eines Schnapsglases den Kontakt mit Verstorbenen suchten. Unsere Sitzungen fanden alle paar Monate statt und wir hatten immer viel Spaß dabei, es war jedenfalls amüsanter als »Mensch ärgere dich nicht« zu spielen.

Soweit ich mich erinnern kann, verdunkelten wir den Raum, in dem wir uns versammelt hatten (ich hab mich allerdings immer geweigert, so eine Séance bei mir zu Hause abzuhalten – sicher ist sicher), zündeten eine Kerze an (das Zittern der Flamme sollte uns die Anwesenheit eines Geistes, vielmehr der Seele eines Verstorbenen anzeigen), baten um Kontakt und stellten dann unsere Fragen, während jeder Beteiligte den Zeigefinger seiner rechten Hand auf den Rand des umgedrehten Schnapsglases legte. Warum auch immer – es hat stets funktioniert, auch wenn die Antworten selten zu den Fragen passten und oft recht skurril ausfielen (das Glas fuhr die betreffenden Buchstaben ab, wodurch sich Worte und Sätze bildeten). Wenn wir genug von der Plauderei mit der Geisterwelt hatten, bedankten und verabschiedeten wir uns artig und bliesen die Kerze aus. Irgendwann, ich schätze so nach zwei Jahren, verloren wir das Interesse an dieser Abendgestaltung und an dem Ouija-Brett. Das Schnapsglas wurde dann mit Hochprozentigem gefüllt, während wir uns zukünftige Nächte bevorzugt mit Pokerspielen um die Ohren schlugen.

Wir alle haben diese Séancen gut überstanden – außer eine Freundin von mir, Brigitte. Die behauptete plötzlich, einer der Geister, die wir gerufen hatten, verfolge sie auf Schritt und Tritt und richte sogar Chaos in ihrer Wohnung an. Wenige Monate später meinte Brigitte dann, sie sei eine Außerirdische und nannte sich Aurora.

Nun, ich denke, die Unordnung in der Wohnung wird sie wohl selbst angerichtet haben, vielleicht schlafwandelnderweise oder aber ihr Ex-Freund hat ihr einen Streich gespielt. Und Aurora wäre vermutlich bei einem Psychiater ganz gut aufgehoben gewesen.

Wie es Brigitte heute geht, weiß ich nicht – sie hat nicht nur den Kontakt zu den Geistern, sondern auch zu ihren Freunden abgebrochen.

Also: Jeder Neugierige soll das Experiment ruhig wagen, wenn er mit dem Jenseits quatschen möchte – sich sicherheitshalber aber vorher über die Vorgehensweise dabei informieren. Das Einhalten bestimmter Regeln dient zwar nur der eigenen Beruhigung, aber genau die braucht es, damit aus einem stabilen, nicht plötzlich ein verwirrter Geisteszustand wird. Und für Menschen, die alles glauben und für bare Münze nehmen, was ihnen über Geister und Spuk erzählt wird, oder die es nicht verkraften, wenn ein Schnapsglas plötzlich wie wild über ein Holzbrett mit eingeschnitzten Buchstaben schlittert, gilt: Finger weg!

Ich seh, ich seh, was du nicht siehst

Rose (Name auf Wunsch der betreffenden Person geändert) aus Deutschland, eine Freundin von Uschi, ist von Kindheit an »sichtig«, das heißt, sie spürt die Anwesenheit von Geistern und sieht diese auch – ebenso wie ihre Tochter Franka (Name ebenfalls geändert). Die Geisterjäger API (Austria Paranormal Investigators) mit Uschi als

Obfrau arbeiteten immer wieder mit den beiden Frauen zusammen, da die Übereinstimmungen ihrer Aussagen über die Anwesenheit von Wesen aus dem Jenseits mit diversen Aufzeichnungen der Geisterjäger an bestimmten Plätzen stets mehr als 80 Prozent betrugen.

Vor zwei Jahren war Rose in Wien und stattete Uschi einen Besuch ab – nicht um Gespenster aufzuspüren, sondern um die Stadt zu besichtigen.

Nach einem ausgedehnten Bummel wollte Rose dann aber doch wissen, ob es in Wien Geister gibt. Die beiden Frauen marschierten, bewaffnet mit Diktafon und Kameras, zum Stephansdom – und prompt wurden in der Kirche auch sogleich zwei dubiose Wesenheiten gesichtet, eine weiße und eine schwarze Nebelgestalt.

Später machten sich Rose und Uschi auf den Weg zu einer gemeinsamen Freundin namens Renate – in der betreffenden Wohnung triefte es laut Rose vor negativer Energie, Renate selbst wirkte niedergeschlagen, fast depressiv. Das Diktafon war auch hier eingeschaltet.

Wieder zu Hause machten es sich Rose und Uschi gemütlich, dann hörten sie die Tonmitschnitte ab, um zu erfahren, was im Steffl und bei der Freundin aufgenommen worden war.

»Mich hat fast der Schlag getroffen«, so Uschi, »in der Kirche hat eine Stimme ›fuck you, fuck‹ geschrien, in Renates Wohnung rief etwas um Hilfe, und zwar genau in der Zeit, in der keiner von uns dreien geredet hat. Später folgten ordinärste Beschimpfungen der allerübelsten Art – es war schrecklich, als hätte sich ein Tor zur Hölle geöffnet!«

Rose wollte weiterforschen, obwohl Uschi dagegen war: »Ich hatte Angst davor, etwas zu finden, mit dem wir nicht würden umgehen können. Außerdem war zu befürchten, dass diese unzufriedene, aggressive Energie sich nicht in der Wohnung, sondern in Renate selbst befand, sie also quasi als Wirt fungierte! Doch Rose ließ sich nicht beirren und bestand darauf, eine Séance bei meiner Freundin abzuhalten.«

Gesagt, getan – die Geisterbeschwörung fand am nächsten Abend statt. Die drei Frauen bildeten einen Kreis und riefen das Wesen, um es zu befragen. Es passierte nicht viel, nur Rose begann 20 Minuten nach Beginn der Sitzung plötzlich zu zittern, meinte gleich darauf aber, die Energie sei weg. »Ich war richtig wütend«, erinnert sich Uschi, »weil ich die ganze Aktion total unprofessionell fand. Und was hieß weg? Rannte der Geist jetzt irgendwo draußen herum und quartierte sich möglicherweise irgendwo anders ein?«

Gegen 22 Uhr machten sich Uschi und Rose auf den Heimweg. Zu Hause angekommen, wollte Uschi das Diktafon abhören, das während der Séance eingeschaltet gewesen war. »Und da brüllte uns wieder diese Stimme entgegen – lauter und bösartiger als beim letzen Mal.« Aber es kam noch schlimmer. »Noch während wir den Aufnahmen lauschten, schrie Rose, es hätte sie etwas gebissen und hänge jetzt an ihrer Hand. Und ich traute meinen Augen kaum: Auf dem Handrücken meiner Freundin waren klar und deutlich Zahnabdrücke zu sehen.«

Leicht panisch hüpften die beiden wieder ins Auto und fuhren zu Renate zurück, von wo sie dieses bösartige Etwas ja offensichtlich mitgenommen hatten. Uschi bat ihre Freundin einen Schamanen zu kontaktieren, der angeblich via Ferndiagnose Abhilfe schaffen konnte. Doch außer eine SMS zu senden, in der stand: »Ich bin jetzt im Geiste bei euch, es ist furchtbar kalt«, konnte der Schamane nicht viel zur Beurteilung der Situation beitragen. »Ich war total wütend und hatte Angst«, berichtet Uschi, »denn dass es kalt war, haben wir selbst auch bemerkt. Obwohl es 25 Grad in der Wohnung hatte, saß etwas wie ein Eisblock auf meinem Schoß, meine Oberschenkel wurden richtig taub davon. Währenddessen klagte Rose, dass das Ding immer noch an ihrer Hand hing – es war ein Horror. Und der Schamane konnte offensichtlich überhaupt nichts für uns tun.«

Mittlerweile war es 4 Uhr morgens und die beiden Frauen begaben sich wieder zurück zu Uschi. Rose versuchte zu schlafen, da sie am nächsten Tag nach Hause fahren wollte, was sie dann auch tat – fertig mit den Nerven und total übermüdet. Uschi versprach sich zu erkundigen, wie man Abhilfe schaffen konnte, sollte sich die Situation nicht verbessern. Bereits am Abend desselben Tages meldete sich Franka, Roses Tochter, telefonisch und weinte ins Telefon, dass ihre Mutter durchdrehe: »Sie sieht Schatten, die sie überreden wollen, aus ihrem Körper zu treten, sie schreit um ihr Leben! Uschi, was soll ich tun?«

»Ich telefonierte den ganzen nächsten Tag die halbe magische Szene Österreichs durch, bis mir jemand empfahl, Siva, eine afrikanische

Mystikerin und Voodoo-Priesterin, die in Wien praktizierte, aufzusuchen, da sich diese angeblich mit Besetzungen auskenne. Doch die Dame befand sich zu der Zeit auf einer Reise und konnte uns erst drei Wochen später empfangen.«

Franka hielt Uschi in der Zwischenzeit auf dem Laufenden: Rose schlief nicht mehr, sie hörte Stimmen, die ihr klarmachen wollten, dass alles, was über Gott geredet wird und die Menschen zu wissen glauben, Lügen sind, sie hatte Panikattacken und dachte bereits an Selbstmord. Mittlerweile war sie auch schon in Behandlung und nahm Tabletten, mithilfe derer die Stimmen »leiser und seltener« wurden.

»Einmal habe ich dann noch mit ihr telefoniert«, erinnert sich Uschi, »aber das war nicht die Rose, die ich kannte. Sie war total phlegmatisch, freudlos und sogar ein wenig aggressiv. Es schien tatsächlich so, als habe ein böser Dämon von meiner Freundin Besitz ergriffen – offensichtlich der Typ, den wir durch die Séance in Renates Wohnung ›aktiviert‹ hatten.«

Zum Thema Spuk, böse Geister und Dämonen erreichte uns folgende Stellungnahme des Theologen Stefan Engel (echter Name!) aus Köln: »Jeder Mensch ist, ob er will oder nicht, auf der Suche nach Gott. Aber wer sein Lebensglück im Okkultismus und in der Esoterik sucht, begibt sich auf ganz gefährliches und furchtbares Terrain. Das können Menschen bestätigen, die früher einmal an spiritistischen Sitzungen teilgenommen haben, aber durch den Glauben an Jesus Christus, Gottes Sohn, davon frei geworden sind.
Es sind nämlich nicht die toten Verwandten, die in diesen Sitzungen reden, es sind Dämonen, böse Geister. Menschen können von solchen dämonischen Bindungen nur durch das Blut Jesu Christi frei werden, durch den Heiligen Geist, der Heilung und Erkenntnis schenkt, weil Gott stärker ist als Satan.
Also, es gibt auch eine unsichtbare Welt, nämlich Gott mit seinen Engeln und Satan mit seinen Dämonen. Manche Menschen können von Dämonen besessen sein. Wenn der Mensch stirbt oder der Dämon ausgetrieben wird, suchen diese Dämonen sich wieder neue Opfer, in denen sie wohnen, denn auch diese Dämonen leiden Qualen. Es gibt

auch Dämonen, die in unbewohnten Häusern wohnen, es kann sich aber dabei niemals um die Seelen der Verstorbenen handeln. Die Bibel verbietet uns, Kontakt mit diesen bösen Geistern aufzunehmen!!!«

Besessenheit versus Geisteskrankheit – Exorzismus oder Klapsmühle

	Geistige Störungen – Kranke ...	Besessenheit – Betroffene ...
1.	machen unzusammenhängende, teilweise widersprüchliche Aussagen.	machen oft konsistente, logische Aussagen mit klarer Intention.
2.	nehmen teilweise eine andere Identität an.	bleiben »sie selbst«, doch »andere« können durch sie sprechen.
3.	stellen nachweislich falsche Behauptungen auf.	behaupten, übersinnliche Fähigkeiten zu besitzen.
4.	reagieren nicht negativ auf Gebete.	ertragen Gebete nicht und unterbrechen diese entweder mit Flüchen oder durch Ohnmacht.
5.	Machen üblicherweise keine Spukerfahrungen, hören aber Stimmen.	machen Erfahrungen mit Geistern.
6.	sind ansprechbar auf das Thema »Sünde«.	verschließen sich gegenüber dem Thema »Sünde«.
7.	reagieren auf Medikamente.	reagieren nicht oder unerwartet auf Medikamente.
8.	reagieren nicht oder nur kurzfristig auf Exorzismen.	können durch Exorzismen von der Besetzung befreit werden.

Nach Henry A. Virkler, ergänzt um: »99 Anwers to Questions about Angels, Demons & Spiritual Warefare«, B.J. Oorpeza, Inter Varsity Press 1997

Weitere typische Merkmale (oben genannte stammen übrigens aus einem theologischen Text) – wobei natürlich auch immer »normale« Erklärungen existieren, diese stehen in Klammer – für »Besessenheit« sind angeblich u. a.:

- Physische Symptome: übernatürliche Kräfte (oder ein Wut-Adrenalinstoß), verzerrte Gesichtszüge (oder ein Schlaganfall), wechselnde Stimmlage (oder ein schlichtes Verstellen der Stimme), Zuckungen (oder ein epileptischer Anfall) und Unempfindlichkeit gegenüber Schmerzen (oder ein wodurch auch immer hervorgerufener Schockzustand).
- Psychische Symptome: hellseherische Fähigkeiten (oder auch: man sieht Dinge, die sonst niemand sieht; auch Halluzination genannt), Wahrsagerei (was schwer beweis- und überprüfbar ist) und Trancezustände (was man auch mit »weggetreten sein« übersetzen könnte).
- Geistliche Symptome (wir sind wieder tief in der Theologie, daher erklären sich nachfolgende Feststellungen von selbst): unmoralischer Charakter, Angst und Hysterie beim Anblick christlicher Symbole, Ohnmachtsanfall beim Vernehmen eines Gebetes, Unfähigkeit zum Bekenntnis zu Jesus Christus und Wahrnehmung von Dämonen oder des Teufels.

Ob es »echte« Besessenheit nun wirklich gibt, bei der ein böser Dämon als Gesandter des Teufels oder Satan himself in einem wütet, darüber streiten sich die Geister – und das tun sie, seit der Mensch auf Erden wandelt quer durch alle Kulturen und Religionen.

Tiere, sagt man, können zwar auch vom Bösen besetzt sein, doch ist ein Homo sapiens vonnöten, der einen Exorzismus durchführt (zumindest wird nicht angenommen, dass es Teufelsaustreibungen etwa von Schaf zu Schaf gegeben hat – vielleicht von Mensch zu Schaf, man weiß es nicht).

Für die römisch-katholische Kirche gilt die angenommene Besessenheit als Beweis für die Existenz des Satans und dämonischer Wesen und dient, aufgrund der Wirkung der »Teufelsaustreibung«, als Beleg für die Wahrheit des Glaubens. Und schon Jesus hat sich als Exorzist betätigt – in der Bibel steht (Markus, Kapitel 1, Vers 25/26): »Und Jesus bedrohte ihn und sprach: Verstumme und fahre aus von ihm! Und der unreine Geist riss ihn und schrie laut und fuhr aus von ihm.« Außerdem heißt es (1. Johannes, Kapitel 5, Vers 18): »Wir wissen, dass, wer von Gott geboren ist, der sündigt nicht, sondern wer von Gott geboren ist, den bewahrt er und der Böse tastet ihn nicht an.«

Leider war kein einziger der österreichischen Theologen, die wir um eine Stellungnahme baten, bereit, ein Statement zum Thema Besessenheit abzugeben. So viel dazu!

Katholische Exorzisten unterscheiden – so konnte ich nachlesen und nicht, wie erhofft, in einem persönlichen Gespräch in Erfahrung bringen – mittlerweile zwar bereits zwischen Besessenheit und diversen Geisteskrankheiten (früher nahm man es damit ja oft nicht so genau), sind aber der Meinung, dass ein Besessener auch Anzeichen einer Geisteskrankheit aufweisen kann. Auf der anderen Seite, also in der Psychiatrie, gibt es den Zustand der Besessenheit aber nicht.

Von medizinisch-psychologischer Seite kam schon des Öfteren der Vorwurf, dass Exorzisten Geisteskranke behandeln und deren Zustand verschlechterten (trotz der Auflage, dass sich die Kirche vor dem Vollzug eines großen Exorzismus Gewissheit verschaffen muss, dass keine Krankheit vorliegt, und verpflichtet ist, das Urteil unabhängiger Ärzte und Psychologen einzuholen). Die Katholiken behaupten wiederum, dass ein Therapeut keinesfalls in der Lage wäre, eine Besetzung durch Dämonen zu erkennen, nicht einmal dann, wenn Satan persönlich vor ihm stehen und zugeben würde, dass er eine arme Seele in seiner Gewalt hätte.

Der Exorzismus ist ein fixer Bestandteil der katholischen Lehre und Liturgie. Es wird dabei der einfache (ist zum Beispiel im gewöhnlichen Taufritus beinhaltet) vom großen unterschieden, Letzterer ist einem Priester vorbehalten und bedarf der besonderen Genehmigung des Bischofs. Der Ritus des großen Exorzismus ist im neu überarbeiteten Teil des »Rituale Romanum« geregelt (Exorzisten-Anleitung aus dem 16. Jahrhundert, die auf Veranlassung des Papstes Paul VI. 1964 neu geprüft, angepasst und gedruckt wurde). Er läuft nach dem Schema »Bedrohung – Namenserfragung – Ausfahrwort – Rückkehrverbot« (erinnert ein wenig an ein Asylverfahren samt »Abschiebung«) mittels Anrufung des Erzengels Michaels, Bannspruch, Psalm 68 (67), erneutem Bannspruch und Gebet ab.

Papst Johannes Paul II. hat sich in seinem 23-jährigen Pontifikat (bis April 2005) übrigens dreimal als Exorzist betätigt, berichtet der italienische Pater Don Gabriele Amorth, der selbst Teufelsaustreibungen durchführt. Und der Vatikan-Theologe Pater Peter Gumpel plaudert aus, dass der 1958 verstorbene Papst Pius XII. Adolf Hitler via »Austreibung auf Distanz« vom Teufel befreien wollte (scheint misslungen zu sein) – die schriftlich festgehalten Zeugenaussaugen dazu seien noch unter Verschluss.

TIPP

Ein Exorzismus für den Hausgebrauch (benötigt man ja immer wieder mal) von Papst Leo XIII. auf http://www.etika.com/aram/l11x13.htm.

Der Vatikan bietet übrigens auch heute noch Exorzismus-Kurse an – für den Katholiken, der schon alles hat! Am 15. September 2005 wandte sich Papst Benedikt XVI. im Rahmen einer Generalaudienz auf dem Petersplatz an die Teilnehmer des Nationalkongresses der italienischen Exorzisten und ermutigte sie dazu, »mit ihrem wertvollen Dienst an der Kirche fortzufahren«. Im selben Jahr nahm erstmals eine Frau, die Theologin Dr. Alexandra von Teuffenbach (ein klein wenig Nomen est omen), an dieser Ausbildung teil.

TIPP

Siehe dazu http://www.netz-tipp.de/autoren/Teuffenbach (Infos zur Person sowie zu ihren Publikationen).

Interessant, aber tragisch war auch der Fall Anneliese Michel. Die 24-jährige katholische Frau aus Deutschland starb 1976 im Verlauf des kirchlich genehmigten, von zwei Priestern mehrmals vollzogenen Exorzismus an den Folgen extremer Unterernährung. Die ärztliche Behandlung der völlig entkräfteten Patientin war zuvor auf Anraten der Priester abgebrochen worden.

Es gibt, so die katholische Kirche, vier Ursachen für teuflische Besessenheit, zwei davon sind unverschuldet (1. Göttliche Zulassung – so wie »der Herr« einem eben auch Krankheiten aufbürdet, 2. Verwünschung, Verfluchung), zwei schuldhaft (1. Umgang mit gefährlichen Personen, Orten oder Praktiken, 2. Sünd- oder Lasterhaftigkeit). Weiters, so der sachkundige Christ, existieren drei Ebenen dämonischer Störungen:

1. Bedrängnis (Versuchungen und Irritationen – diese Stufe ist meist nur für den wirklich bewusst christlich Lebenden spürbar)
2. Umsessenheit (Erleiden unerklärlicher seelischer, geistiger und körperlicher Schmerzen; Erleben einer Aufforderungen zum Selbstmord, Albträume, oft diffuse Störungen wie das Sehen von Schatten – in diesem Belagerungszustand soll der Mensch weiter geschwächt werden, sodass er sich irgendwann nicht mehr gegen eine vollständige Übernahme durch Satan und Co. wehren kann)
3. Besessenheit (Besetzung durch böse Geister, Dämonen oder den Teufel selbst)

TIPP

Wegner, Marcus: Exorzismus heute: Der Teufel spricht deutsch. Gütersloher Verlagshaus, Gütersloh 2009.
Amorth, Pater Don Gabriele: Ein Exorzist erzählt. Christiana Verlag, Stein am Rhein (CH) 2009.

Spürt man nun eine »fremde, böse Macht« in sich, will aber nicht in den Händen eines Bibelsprüche klopfenden Katholiken landen, kann man sich an jede magisch tätige Person (Hexe, Schamane etc.) wenden – auch wenn die Gefahr, einem Scharlatan auf den Leim zu gehen, hier weit größer ist als beim kirchlichen Exorzismus (allerdings besteht bei jeder Teufelsaustreibung die Gefahr, dass Luzifer angesichts der Praktiken einen Lachkrampf bekommt). Ich empfehle als erste Maßnahme jedenfalls den Gang zum Psychologen.

Was die brisanten Vorfälle in Bezug auf Kindesmissbrauch der »betenden Onkel« in Klöstern (mit dicken Mauern, damit niemand das Weinen und die Schreie der Opfer hört), aber auch außerhalb der »heiligen Hallen« betrifft: Es bleibt abzuwarten, ob nicht auch hier noch Satan oder einer seiner Dämonen für die sexuellen Entgleisungen der geistlichen Männer verantwortlich gemacht werden soll. Wenn Gottes Liebe nicht mehr ausreicht, v. a. vielleicht auch, weil man ihn nicht körperlich lieb haben kann, müssen wohl junge, unschuldige Menschen »bekehrt« werden. »Das kann sich unmöglich ein braver Katholik allein ausgedacht haben, da muss der Teufel seine Hände im Spiel haben«, so oder ähnlich wird die Argumentation der »Frömmler« lauten. Vielleicht lösen diese Geschehnisse tatsächlich einen Exorzismus-Boom aus, so nach dem Motto: Braver Priester treibt dem schlimmen Priester das Böse aus – Hauptsache, es bleibt alles in den vier Wänden von Mutter Kirche (wo die scheinheiligen Täter wahrscheinlich auch ihre Strafe absitzen werden).

Theologen weisen allerdings auch darauf hin, dass der Dämonen- oder Teufelsaustreiber bei seiner Arbeit von der bösen Macht getötet werden kann – oder aber, und jetzt wird es spannend, der Betroffene wird das Übel los und dieses wechselt die Behausung und schlüpft in den Körper des Exorzisten (»Stellvertreter-Effekt«). Das wäre dann ja eine wunderbare Ausrede für jede weitere Schandtat, die ein katholischer Geistlicher begeht, oder?

Doch zurück zur Psychologie: Tatsächlich kennt auch diese einen besessenheitsähnlichen Zustand. Das von der WHO (World Health Organization) herausgegebene Klassifikationssystem »ICD« (International Statistical Classification of Diseases and Related Health Problems / Internationale statistische Klassifikation der Krankheiten und verwandter Gesundheitsprobleme) behandelt einige psychische Störungen, die diese Zustände medizinisch und psychologisch erklären (ICD-10 Codierung F44.3). Bei diesen Erkrankungen kann es zu massiven Beeinträchtigungen des Ich-Bewusstseins und des Ich-Erlebens kommen – das Gefühl, sich selbst fremd und nicht mehr »Herr der eigenen Gedanken« zu sein, kann sich durch empfundenen Gedankenentzug, wie auch durch wahrgenommene Fremdgedankeneinpflanzung oder -ausbreitung ergeben. Im schlimmsten Fall tritt ein

»zeitweiliger Verlust der persönlichen Identität und der Umgebungswahrnehmung« auf. Diese Form einer dissoziativen Störung, bei der es zur Abspaltung von Erlebnisanteilen vom Bewusstsein und zur Verdrängung unangenehmer, belastender oder konflikthafter Vorstellungen und Fantasien kommt, darf vom Psychiater allerdings nur dann diagnostiziert werden, sofern sie nicht auf freiwilliger Basis in einer kulturell oder religiös akzeptierten Situation auftritt (zum Beispiel hypnotische Trance), also bewusst herbeigeführt wurde.

Zusätzlich müssen Schizophrenie (welche sich allerdings ebenfalls »besessenheitsähnlich« präsentieren kann), eine anhaltende paranoide Störung und Wahnvorstellungen im Rahmen einer schweren Depression ausgeschlossen werden, ebenso wie Zustandsbilder auf einer organischen Grundlage wie Intoxikationen durch psychotrope Substanzen (ein die Psyche des Menschen beeinflussender Stoff), ein Psychotrauma nach einer schweren psychischen Belastung, eine Zwangserkrankung, Begleiterscheinungen eines epileptischen Anfalles, vorangegangenes Schädel-Hirn-Trauma oder eine Persönlichkeitsstörung. Letztere ist allerdings mit Vorsicht zu diagnostizieren, da es sich dabei um eine psychische Erkrankung handelt, die über einen längeren Zeitraum entstanden ist und ihren Ursprung meist in der Kindheit oder Jugend hat.

Auch Zwangserkrankungen treten manchmal in einer Form auf, die annehmen lassen könnte, dass Satan seine Hände im Spiel hat – zumindest bei den Zwangshandlungen. Diese sind zu unterscheiden von den Zwangsängsten wie etwa der Befürchtung, dass man an Aids erkrankt, wenn man einen Geldschein mit bloßen Händen berührt, und von den Zwangsgedanken und damit einhergehenden Ritualen, wie etwa dem Abzählen der Stufen beim Treppensteigen – echte Fans einer bekannten amerikanischen TV-Serie nennen diese beiden Zustände »monkisch«. Die unter Zwangshandlungen Leidenden verhalten sich aber tatsächlich manchmal wie kleine Teufelchen, zumindest dann, wenn meist unangenehme und sinnlose Tätigkeiten ausgeführt werden müssen, um vorübergehend Angst oder Spannung abzubauen – das kann vom lästigen, aber noch recht harmlosen Waschzwang bis hin zu echter Zerstörungs- und Vernichtungswut reichen.

Es dürfte also, und das fällt auf, schwierig sein, »echte Besessenheit« von einer »echten geistigen Störung« (seltener: »echten organischen Krankheit«) zu unterscheiden. Ich würde sagen: Ersteres ist schlicht unwahrscheinlich!

Über den Exorzismus wurde ja bereits berichtet, doch was passiert mit einem Patienten, der zum Beispiel an einer »ICD-10 Codierung F44.3«-Störung leidet, sich jedenfalls »besessen« verhält?

Hier heißt es so schön im Fachjargon: Es ist unumgänglich, einen Facharzt hinzuzuziehen und eine Medikation sowie eine begleitende Psychotherapie festzulegen. Bei Selbst- und / oder Fremdgefährdung muss die Einweisung in eine stationäre Behandlung erfolgen.

TIPP

Eckhardt-Henn, Annegret / Hoffmann, Sven Olaf: Dissoziative Bewusstseinsstörungen. Theorie, Symptomatik, Therapie. Verlag Schattauer, Stuttgart 2004.

Ein Opfer in Ehren …

»Baron Samedi, ich opfere dir diese weiße Kerze. Ich bitte dich, deine Macht in diese Nadel zu senden, denn ich brauche sie für mein magisches Ritual. Baron Samedi, Hüter der Friedhöfe und der Toten. Diese Nadel soll das Werkzeug deiner Macht sein, von meiner Hand und meinem Willen gelenkt.«

So oder ähnlich könnte der Spruch lauten, der bei schwarzmagischen Praktiken von einem Voodoo-Fex gemurmelt wird (fairerweise sei auch an dieser Stelle noch einmal angemerkt, dass jede Art von Magie im guten wie im bösen Sinne angewandt werden kann), während er ein kleines Püppchen aus Plastilin oder einem anderen Material mit heißen Nadeln durchbohrt.

Oben genannter Baron Samedi, der Beherrscher aller Friedhöfe und Symbol des Todes, spielt im westafrikanischen Voodoo als einer der wichtigsten Loa (geistiger oder göttlicher Führer) eine zentrale Rolle bei etlichen Ritualen. Auf beinahe jedem Friedhof in Haiti ist dem Baron, der als formell gekleideter schwarzer Mann mit Zylinder, Spazierstock und einem langen weißen Bart (wahlweise auch als Skelett) beschrieben wird, ein geschmücktes Kreuz mit Kerzen und violetten Blumen geweiht. Wenn die Bewohner ihn wecken wollen, machen sie einfach Lärm am Friedhof. Besonders gerne wenden sich Frauen an den Feschak und versprechen ihm Kupfermünzen, Zigarren, Rum und Fladenbrot als Opfergaben, wenn er ihre Bitten erhört. Danach werfen die Hilfesuchendem dem Loa Akazienblätter zu und sagen »Dormi pa'fumé, Baron Samedi!«, was bedeutet »Schlafe wohlduftend, Baron Samedi«.

Dieser etwas morbide »culte des morts« und seine Praktiken wie Kontaktaufnahme und Beschwörung Verstorbener (Nekromantie), scheinen für viele ein Indiz dafür zu sein, dass Voodoo ausschließlich »böse« ist. Dabei ist der Totenkult, der per se ja noch nichts Böses an sich hat, einfach nur ein wichtiger Bestandteil dieses Glaubens. Experten sind sich allerdings nicht einig, ob er zur ursprünglich kreolischen Religion Voodoo, die unter dem Namen Wodu, auch Vodun oder Vaudou bekannt wurde, gehört oder ob es sich um ein Randphänomen handelt, das sich im Laufe der Zeit entwickelt hat.

Voodoo, was übersetzt »Gottheit« oder »Geist« bedeutet, ist eine ursprünglich aus der westafrikanischen Tradition entstandene Religion und u. a. die Weiterführung des aus dem afrikanischen Staat Benin stammenden Schlangenkultes, bei dem die Schlangengöttin Damballah verehrt wird.

Im 16. Jahrhundert gelangte Voodoo durch die Sklaverei auf die Westindischen Inseln, wobei Elemente anderer Glaubensrichtungen aufgenommen wurden. Somit zählt Voodoo zu den synkretischen Religionen (Synkretismus: Vermischung von Aspekten unterschiedlicher Ideen und Philosophien, ohne Absolutheitsanspruch auf ein neues Weltbild; zum Beispiel auch in der Wicca-Bewegung zu finden) und ist heute auf Haiti, teilweise auch in der benachbarten Dominikanischen Republik, in Afrika (hauptsächlich in den Staaten Benin, Ghana und Togo) und in Teilen der USA (vor allem in New Orleans und Miami) beheimatet. Im Voodoo finden sich mittlerweile neben den afrikanischen auch islamische, katholische und indianische Elemente. In Haiti, wo etwa drei Viertel der Menschen dieser Religion angehören (sich aber auch 90 Prozent der Bevölkerung gleichzeitig zum Katholizismus bekennen – wobei die katholische Kirche einen langen, vergeblichen Kampf gegen den Voodoo geführt und sogar, mit staatlicher Unterstützung, religiöse Verfolgungen in die Wege geleitet hat) –, wurde diese Glaubensrichtung 2003 zur offiziellen Religion erhoben. Der Priester, genannt Houngan oder Babalawo, oder die Priesterin, genannt Mambo, darf wie die katholischen Kollegen Ehen schließen, Taufen durchführen und Begräbnisse leiten. Es gibt aber auch Priester, die Schadenszauber betreiben, sie und ihre Anhänger werden Bokor genannt.

Die ältere Richtung des Voodoo ist der Radakult, seine Loa sind sanft und haben aufbauende Eigenschaften. Daneben existiert aber auch noch der Petrokult (gegründet wahrscheinlich Ende des 18. Jahrhunderts von einem Mann namens Petro, der seine Fans angeblich mit Schnaps und Schießpulver in Ekstase versetzte), dessen Loa sind zerstörerisch – allerdings hin und wieder auch im positiven Sinne, denn sie helfen zum Beispiel bei der Vernichtung von Krankheiten.

Will man nun einen Loa um Rat fragen, ohne sich dabei in Trance zu versetzen (etwa kurz mal zwischendurch in der Straßenbahn), kann man das sogenannte Fa-Orakel, das als Deutung der Zeichen der Götter verstanden wird, befragen. Es besteht aus zwei Schnüren mit jeweils acht Nussschalen oder Muscheln. Aus diesen 16 Grundzeichen können 256 Zeichen kombiniert werden.

Mit dem Voodoo-Glauben verbinden die Menschen, wie bereits oben erwähnt, in erster Linie »Böses«, »Abstoßendes«, »Abartiges« – zum einen aufgrund des Totenkultes, zum anderen wegen der blutigen Opferdarbringungen, Puppen und Nadeln, teilweise ungustiösen Fetischgegenständen und schlimmstenfalls spielen in den Fantasien auch noch Zombies (abgeleitet von dem Wort »nzúmbe« aus der zentralafrikanischen Sprache Kimbundu, bezeichnet ursprünglich einen Totengeist; in Hollywood: Figur eines zum Leben erweckten Toten, der als seelen- und willenloses Wesen weiterexistiert, meist bösartig, nicht wirklich intelligent wirkend und potthässlich) eine Rolle.

Gehen wir die Unbehagen auslösenden Bestandteile des Voodoo, obwohl diese Religion natürlich weit mehr ausmacht als ein paar ihrer bekanntesten »Zutaten«, der Reihe nach durch:

Tatsächlich gehören bei den Ritualen Opferdarbietungen zur Realität, es gilt hier der Naturgrundsatz: »Wer gibt, der verliert nie!« Diese »spirituelle Nahrung« wird meist im Rahmen eines Festes übergeben, bei dem sich die Eingeweihten mit Gesängen und den verschiedenen Gottheiten zugeordneten Trommelrhythmen in Trance tanzen, während die verschiedenen Loa Besitz von ihnen ergreifen. Neben Lebensmitteln und Alkohol, Tabak oder Geldmünzen werden auch Tiere geopfert. Der Prozess der Überreichung dieser Gabe ist aufwendig gestaltet und unterliegt strengen Regeln: Das Tier, zum Beispiel eine Ziege, wird gründlich gereinigt, einparfümiert (das allein scheint mir schon Tierquälerei zu sein) und darf sich dann satt fressen und trinken – tut es das nicht, wird das Tier verschont, da man davon ausgeht, dass es noch nicht bereit ist, geopfert zu werden, und durch ein anderes ersetzt (wenn die Ziegen das wüssten, würden sie wohl vor der Hinrichtung allesamt in den Hungerstreik treten).

Hat man ein gefräßiges Tier gefunden, entschuldigt man sich bei diesem für die Tötung (wie es angeblich auch »traditionsbewusste Jäger« vor dem Abschuss tun), danach wird das Opfer festgehalten und ihm mit einer scharfen Klinge die Halsschlagader durchtrennt – die beteiligten Helfer wenden dabei den Blick ab (es wird behauptet, aus Respekt vor dem Leben). Dann blutet das Tier aus und ist bereit, vor die Gottheit zu treten. Menschenopfer sind üblicherweise kein Bestandteil dieser Religion.

Das Spielen mit Puppen gehört definitiv ebenfalls zum Voodoo-Kult. In unseren Breiten ist die Bekanntheit dieses Brauches jedoch größtenteils auf seine Ausschlachtung in dümmlichen »Horror«-Filmen zurückzuführen, in welchen die Vorgehensweise nicht nur übertrieben oder unrealistisch dargestellt wird, sondern auch stets ganz schreckliche (wenn auch in den seltensten Fällen erschreckende) Auswirkungen hat: Da sitzen verhärmte, unattraktive, vom Gemahl schändlich betrogene oder gar verlassene Frauen am Küchentisch, an dem sie normalerweise der Familie das Essen servieren, und piksen

Nadeln, mit welchen sie sonst Schals für die gesamte Verwandtschaft stricken, in ein meist recht unkreativ hergestelltes Plastikmanderl, das den Göttergatten oder die Rivalin symbolisiert. Oft kichern sie dabei diabolisch, während ihre Augen vor Hass hervorquellen und sich die Gesichtszüge zur Fratze verzerren. Die Frauen hoffen dann natürlich, dass aufgrund dieser Aktion der untreue Ehegatte (oder das billige Flittchen, das ihn verführt hat) auf die schmerzhafteste Art und Weise, die man sich vorstellen kann, krepiert (was in diesen Filmen dann ja auch meist klappt) oder zumindest von der Hüfte abwärts gelähmt sein wird.

Männer sieht man so etwas kaum tun, die bevorzugen scheinbar wesentlich direktere, man könnte auch sagen fantasielosere Methoden, um sich zu rächen (erschießen, erstechen, erwürgen, in die Luft jagen etc.), und das bevorzugt an einem Geschäftspartner, der sie um Millionen betrogen hat, seltener an einer untreuen Ehefrau oder ihrem Geliebten.

In der Realität, die allerdings so unspektakulär ist, dass sie keinen Stoff für Hollywood bietet, werden Voodoo-Puppen in erster Linie zum Heilen von Kranken benutzt, indem man die entsprechenden Körperteile behandelt und so der Patient von seinen Leiden befreit werden soll. Das geschieht allerdings ohne Nadeln oder andere spitze Gegenstände.

Die Puppen dienten ursprünglich der Vertuschung des Glaubens, denn es war den Sklaven verboten, Voodoo zu praktizieren und Abbildungen ihrer Gottheiten anzubeten – daher tarnten sie diese in der Gestalt harmloser Püppchen. Der Sklavenaufstand, durch welchen in der Folge die Unabhängigkeit des schwarzen Haiti von Frankreich möglich wurde, begann übrigens mit einer Voodoo-Zeremonie – am 14.8.1791.

»Voodoo«-Puppen gab es allerdings auch in Europa. Die »Atzmänner«, Figuren aus Wachs, Teig, Holz und anderen Materialien, wurden im Mittelalter zu magischen Praktiken (Analogiezauber) verwendet. Die selbst gebastelten Männlein sollten das jeweilige Opfer darstellen, mit dem sie, so nahm man an, in einer Wechselbeziehung standen. Die bösen Atzmänner grillte man über dem Feuer, durchbohrte sie mit

Nägeln oder bestrich sie mit Gift, die guten belegte man mit heilenden Kräutern, behängte sie mit dem damals üblichen Hochzeitsschmuck (Liebeszauber) oder badete sie in einem schmerzlindernden Gebräu – in jedem Fall ging man davon aus, dass sich die erwünschte Wirkung auf die reale Person übertragen würde.

Nun noch zu den Fetischen: Nicht wesentlich anders als in vielen magischen Praktiken auf der ganzen Welt, handelt es sich dabei um Gegenstände, die eine Verbindung zur jeweils angebeteten Gottheit herstellen. Sie sollen gute Geschäfte gewährleisten, das Böse abwehren, vor bösen Träumen bewahren, Fruchtbarkeit garantieren, Wohlstand mehren u. v. m. – in einigen Fällen werden sie auch zur Bekämpfung der Feinde eingesetzt. Im Voodoo ist der Bocio am weitesten verbreitet, ein figürlicher Fetisch, dessen wahren Zweck oft nur der Hersteller kennt.

Nun noch einmal zu den Zombies, jenen gehirntoten, seelenlosen Gestalten, die aus Filmen wie »Die Nacht der reitenden Leichen« oder »Ein Zombie hing am Glockenseil« (einer der letzten Filme mit Voodoo-Hintergrund ist »Cult of the Dead«, 1968) ebenso wenig wegzudenken sind wie aus europäischen Fantasien den Voodoo betreffend: Legenden zufolge wird eine Person von einem Houngan oder einer Mambo mit einem Getränk, bestehend aus den Innereien von Kugelfischen und alkalihältigen Wurzeln, in einen komatösen Zustand versetzt und in einem Sarg beerdigt. Einen Tag später gräbt man den »Auserwählten« aus und stellt mithilfe eines Gegengiftes den normalen Herzschlag wieder her, wobei der Loa Papa Nebo (Gott der Nacht, der Friedhöfe und der Nekromantie) um Beistand gebeten wird. Die andauernde Unterversorgung des Gehirns mit Sauerstoff führt aus medizinischer Sicht zu einer schweren Beeinträchtigung der Intellektualität dieser Person – also zu wirklich viel zu gebrauchen wäre der »Auserwählte« dann nicht mehr.

Andere Voodoo-Legenden besagen, dass mithilfe schwarzmagischer Praktiken auch »echte« Leichen wiederbelebt werden könnten, solange sie noch Fleisch und Sehnen auf den Knochen haben. In welchem Geisteszustand sich solche Wesen dann befinden würden, möchte man sich gar nicht ausmalen.

Es existieren übrigens auch noch andere Mittelchen, die Menschen wie Zombies erscheinen lassen können – jedoch nicht nur in Afrika oder Haiti.

Zu nennen wäre hier das Scopolamin, auch »Atem des Teufels« genannt. Dieses Alkaloid kommt in Nachtschattengewächsen wie Stechapfel, Alraune oder Engelstrompete vor und wirkt bei niedriger Dosierung beruhigend, bei höherer löst es Apathie aus und sorgt für einen Zustand der Willenlosigkeit (weshalb es in den 1950er-Jahren als Wahrheitsserum eingesetzt wurde). Die tödliche Dosis für den Menschen liegt etwa bei 100 Milligramm, subkutan (unter die Haut) injiziert bei 1 Milligramm.

Wenn Sie unter Flugangst oder Ähnlichem leiden, wurde Ihnen vielleicht der »Atem des Teufels« bereits eingehaucht: Das Pflaster »Scopoderm TTS« hilft gegen jede Form der Reisekrankheit, da der Wirkstoff den Brechreiz unterdrückt.

Apropos etwas loswerden: Hier noch ein praktischer Voodoo-Zauber zum In-die-Flucht-schlagen unliebsamer Personen – geeignet für all jene, die nicht mit Puppen und Nadeln hantieren wollen (aus dem Buch Papa Shanga: Voodoo in der Praxis. Neue Techniken, Rituale und Praktiken des Voodoo. Hartmann Esoterischer Verlag, Bürstadt 2001.)

Man nehme 24 rote Pfefferkörner, 1 TL grobes Salz, 1 Hühnerleber, trockne die Zutaten (wird wohl bei der Leber einige Zeit dauern) und zerstoße sie zu einem feinen Pulver, welches man vor der praktischen Anwendung Baron Samedi mit den Worten »Baron Samedi, ich werde

Veve von Baron Samedi

von XXX belästigt. Ich bitte dich, lenke deine Kraft in dieses Pulver, sodass XXX für immer meinem Haus fernbleiben muss,« weiht. Danach puste man die Mischung dem Opfer dreimal auf den Rücken – angeblich wird man nie wieder von der Person belästigt.

Noch wirkungsvoller wird der Zauber, wenn man während der Weihung das dem Baron Samedi zugeordnete Veve (grafisches Symbol, an das der Loa gebunden ist und welches ihn im Ritual repräsentiert) aufzeichnet.

Das Experiment mit der Voodoo-Priesterin

Zurück zum »Fall Rose«: Einige Wochen nach dem Erlebnis in Renates Wohnung traf Rose erneut in Wien ein, um gemeinsam mit Uschi der Voodoo-Priesterin Siva in ihrem Haus im Grünen am Stadtrand von Wien einen Besuch abzustatten.

Von Uschi bereits ein wenig vorinformiert, erklärt Siva, eine ältere Frau mit langem weißen Haar und strahlend blauen Augen, ganz in Rot gekleidet, zuerst einmal, was im Voodoo Besessenheit bedeutet. Als solche wird hier die rituell vollzogene Vereinigung mit Gott bezeichnet, die als Ehre zu verstehen ist. Menschen, die sich in diesem Zustand befinden, sind im Voodoo hoch geehrt und werden während ihrer Trance von Hilfesuchenden um Rat gefragt. Ein derart »Besessener« ist sein ganzes weiteres Leben lang mit der betreffenden Gottheit, dem Schlüssel-Loa, verbunden.

Gleich darauf stellt sie die Verbindung zum Katholizismus her: »Voodoo und Christentum ähneln sich in vielem, zum Beispiel wird hier und dort gebetet, beide Religionen haben Priester – und Zombies.« Uschi: »Ich schluckte in diesem Moment hörbar, denn diese halbtoten Monster finde ich gruselig, zugleich auch lächerlich – ich meine die in den Filmen.«

Doch sie fragt mutig nach, was Siva meint. »Nun, streng genommen war Jesus auch ein Zombie.«

»Gut, ähm, also kommen wir nun zu Roses Problem«, krächzt Uschi, nicht wissend, ob sie lachen, empört sein oder nachdenklich werden soll. »Meine Freundin hat bereits seit mehreren Wochen nicht mehr richtig geschlafen, wir sind total ratlos«, erklärt Uschi der Voodoo-Priesterin und erzählt zusammengefasst die Geschichte, die Roses Zustand vorangegangen ist.

Siva führt die beiden Frauen in den Keller, wo unzählige Flaschen auf Regalen stehen und Perlenketten in unterschiedlichsten Farben an den Wänden hängen. Auf einem Tisch liegt eine dicke Kartoffelknolle mit einem Basthut auf dem »Kopf«, die laut Siva den Gott Elleguá darstellt, welcher Wege öffnen und schließen könne (Elleguá ist allerdings ein Orisha, also eine Gottheit der afroamerikanischen Religion Santería in Kuba – Siva nimmt es offensichtlich nicht so genau, ob Voodoo oder Santería, Hauptsache es hilft).

Nun beginnt Siva mit Orakel-Muscheln zu würfeln, notiert akribisch jeden Wurf, um nach einer Stunde zu sagen: »Der Loa ist mit dir und wird dir helfen, du musst keine Angst mehr haben.«

Als Nächstes zündet sich die Voodoo-Priesterin eine dicke Zigarre an, nimmt einen Teller in die Hand, auf dem Gummibärchen liegen, zieht an dem übel riechenden Stumpen und bläst den Rauch auf die Knolle, bis diese total eingenebelt ist. Uschi: »Ich hab nur darauf gewartet, dass die Kartoffel zu husten beginnt.« In Haiti würde man für dieses Ritual zusätzlich Blut verwenden, das man über die Kartoffel träufelt, erläutert Siva, aber sie hätte gerade keines zur Hand.

Der Rauch wird nun auf die Gummibärchen geblasen, dann wieder auf die Knolle, daraufhin auf einen Teller mit Nüssen, zwischendurch würfelt Siva immer wieder. Nach zwei Stunden dieser Zeremonie nimmt die Voodoo-Priesterin einen Schluck aus einer Flasche und spuckt die Flüssigkeit zuerst auf Rose, dann auf die Knolle, danach bläst sie der jungen Frau den Zigarrenrauch ins Gesicht. »Ich sah fassungslos zu, hin und her gerissen zwischen echter Verblüffung, Fassungslosigkeit und lautstarkem Gelächter – wobei es mir zu diesem Zeitpunkt noch gelang, Letzteres zu unterdrücken«, berichtet Uschi.

Nach dem Ritual, das insgesamt mehrere Stunden gedauert hat, empfiehlt Siva Rose, in der Kirche einer Messe beizuwohnen, um die Geister zu verabschieden – sie solle dazu nach einer Art Lichtsäule Ausschau halten, wo sie die Seelen hinschicken könne. Zusätzlich solle sich Rose mit einer Kokosnuss am ganzen Körper abreiben, um die negative Energie zu beseitigen, und die Frucht dann über die Schulter in ein fließendes Gewässer werfen. Der letzte Rat der Voodoo-Priesterin lautet: »Du musst an Gott glauben, an irgendeinen, denn nur der kann dir helfen!«

Rose zeigt sich unzufrieden mit Sivas Zeremoniell und will mehr Informationen von der Voodoo-Priesterin. Die Frau sieht sie lange an und meint dann leise: »Ich habe die negative Energie, die dich umgibt, schon von Weitem gespürt und mich auf unseren Termin vorbereitet. Du weißt nicht, dass ich dich bereits davon abgehalten habe, dir weiteren Schaden zuzufügen – u. a. hättest du fast einen Unfall verursacht, weil du so unkonzentriert bist.«

»Rose war immer noch sauer, doch wir konnten in diesem Moment nicht mehr ausrichten!«, so Uschi.

Kurz vor dem Abschied erzählt Siva noch, auf welche Art Voodoo in ihr Leben trat: »Ich bin sterbenskrank gewesen und nach Haiti geflogen. Dort wurde ich von den Einheimischen in ihre Religion eingeweiht und musste daraufhin eine Woche allein im Regenwald überleben. Die Loa halfen mir durch diese schweren sieben Tage – danach war ich gesund.«

Die beiden Frauen verabschieden sich nun von der Voodoo-Priesterin, die Rose noch alles Gute wünscht, sich dann abrupt umdreht und in ihr Haus zurückeilt.

Vor dem Haus bricht Uschi in Erinnerung an die Kartoffelknolle mit Hut, die permanent eingeraucht und sogar bespuckt wurde, in lautes Lachen aus, doch Rose bleibt ernst und drängt ihre Freundin, zum Stephansdom zu fahren.

»Wir saßen dann wenig später in der Mitte der Kirche und hielten nach der Lichtsäule Ausschau«, berichtet Uschi. »Währenddessen luden wir stumm die Geister ein, zu uns zu kommen, wie es uns Siva geraten hatte. Ich fühlte einmal kurz ein Wesen durch mich hindurchgehen, danach spürte ich eine Art kalte Flüssigkeit auf meiner Hand. Rose bestätigte mir, dass etwas Gläsernes meine Finger betastete, das sie nicht identifizieren konnte. Sie selbst sah auch einige Geistergestalten, die sie teilweise wiedererkannte – meine Freundin erschien in diesem Moment das erste Mal seit Langem glücklich und erlöst. Sie weigerte sich allerdings, eine Kokosnuss zu kaufen und das Ritual damit zu beenden.«

Rose fühlt sich nach dem Besuch bei Siva und dem Aufenthalt im Stephansdom tatsächlich besser, sie kann sogar eine Stunde schlafen, nachdem die beiden Frauen wieder in Uschis Wohnung zurückgekehrt sind.

»Am nächsten Morgen fuhr Rose wieder nach Deutschland und ich dachte, wir hätten es geschafft, meine Freundin wäre erlöst. Doch leider ging es ihr zu Hause wieder viel schlechter, es wurde von Tag zu Tag schlimmer.

Heute ist ihr Zustand so, dass sie niemandem mehr zuhört und in ihrer eigenen Welt lebt – in einer Welt voller Angst vor den ihr einst so vertrauten Wesen, die sie seit frühester Kindheit ansehen konnte: den Geistern. Das Letzte was ich von ihrer Tochter hörte, war, dass sie freiwillig in eine Psychiatrie gegangen sei, wo man erneut mithilfe von Medikamenten die Stimmen, die sie immer noch ständig hört, unterdrückt.«

Da Siva anonym bleiben möchte, stehen keine Kontaktdaten zur Verfügung.

»Dem Gespenst die Hand reiche,
wenn es uns fürchten machen will.«

Friedrich Wilhelm Nietzsche (1844–1900),
deutscher Philosoph

Austrias next Top-Spookfinder

Wir erleben immer wieder, dass jemand unbedingt etwas erreichen, etwas beweisen will – egal wie und mit welchen Mitteln – und dieser Aufgabe einen großen Teil seines Lebens widmet.

Doch an dieser Stelle ist nicht die Rede von Erfindern, Entwicklungshelfern oder … Models, sondern von Geisterjägern. Und die haben nur ein einziges Ziel – sie wollen Geister finden, diese auf Bild oder Tonspur bannen, mit ihnen kommunizieren, um zu erfahren, warum sie unter uns sind, was sie fühlen und ob sie Informationen haben, die uns Diesseitigen noch fehlen.

Doch letztendlich geht es eigentlich nur darum: Man möchte von denjenigen, die das, was alle Lebewesen bewusst oder unbewusst fürchten, schon hinter sich haben, hören, dass man nicht »richtig« sterben wird. Jeder Mensch sehnt sich nach Futter für die Hoffnung, dass es »danach«, also wenn der Körper schlapp macht und das Handtuch wirft, doch noch »etwas« gibt – wobei den meisten relativ egal zu sein scheint, was das ist. Hauptsache nicht ganz tot! Man will einen Beweis dafür, dass die Energien, welche man braucht und verbraucht, die Emotionen, welche man lebt, die Erinnerungen, welche man bewahrt, und die Erfahrungen, welche man macht, auch in Geist und Seele gespeichert bleiben, wenn der biologische Apparat seine Funktion einstellt, sodass wir nicht umsonst gearbeitet, gekämpft, geliebt, gelacht, getrauert, gelernt u.v.m. haben.

Die wahrhaft Gläubigen wenden sich in ihren Gebeten – die meist umso häufiger und inbrünstiger werden, je näher der Sensenmann kommt – an Gott und hoffen, dass er das schon irgendwie regelt, dass er vielleicht sogar die Himmelstüre öffnet und die Verblichenen zu sich ruft (was er dort mit ihnen macht, ist unklar – Flügerln austeilen und Wolkerln zuweisen, wird's wohl nicht spielen). Und im schlimmeren Fall, wobei das auch nur auf die Sichtweise ankommt, steht ja noch die Hölle zur Verfügung.

Und die, die schon jetzt Antworten wollen, gehen eben Geister suchen – so einfach ist das!

Spuk – ungebunden und gebunden

Im allgemeinen Sprachgebrauch wird das Wort »Spuk« für das Erscheinen von Geistern (meist sind damit die auf der Erde gebundenen Seelen von Verstorbenen gemeint, seltener dämonische Wesen) verwendet.

Spuk kann sich auf verschiedenste Arten präsentieren: Ohne ersichtliches Zutun eines Lebewesens oder physikalisch erklärbaren Grund bewegen sich Gegenstände oder fallen Bilder von den Wänden, es werden undefinierbare Geräusche oder auch Seufzer, manchmal sogar Stimmen vernommen, vorbeihuschende Schatten sind zu sehen, kalte Luft oder gar Berührungen zu spüren u.s.w.

Meiner Erfahrung nach hat jede Spukerscheinung zu 99 Prozent natürliche Ursachen (das eine Prozent müsste mir allerdings auch erst noch unterkommen – was ich aber nicht komplett ausschließen möchte). Dazu zählen in den meisten Fällen die umgebungsabhängigen wie Wetterphänomene oder Tieraktivitäten im Freien sowie Geräusche aufgrund von eingenisteten Tieren oder Materialaktivität innerhalb von Gebäuden. Darüber hinaus existiert aber auch noch die psychogeografische Theorie, die sich auf die Annahme stützt, dass sogenannte Spukorte oft eine »unheimliche Atmosphäre« besitzen, verstärkt durch Erzählungen und Berichte darüber, welche die Psyche und damit verbunden die Wahrnehmung der Menschen beeinflusst. So kann es passieren, dass bspw. ein kalter Luftzug in der Folterkammer einer Burg, wo Menschen grausam misshandelt wurden, als vorbeihuschender Geist interpretiert wird – wohingegen man sich denselben Lufthauch in einem modernen Bürogebäude wahrscheinlich mit offen stehenden Fenstern erklärt.

TIPP

Mehr »gute« Erklärungen für paranormale Phänomene sowie auch übernatürliche Ursachen (für das eine Prozent) sind zu finden in: Hasmann, Gabriele: Geisterjäger – Auf den Spuren des Übersinnlichen. Verlag Ueberreuter, Wien 2009.

Die klassischen paranormalen Phänomene (also das eine Prozent) gliedern sich in zwei Gruppen, den ortsgebundenen oder lokalen und den personenbezogenen oder personalen Spuk.

Beim ortsgebundenen Spuk werden die Erscheinungen oder Aktivitäten stets an derselben Lokalität wahrgenommen, entweder innerhalb von Gebäuden oder im Freien. Er wird in erster Linie dort vermutet, wo sich etwas Tragisches wie eine Naturkatastrophe, ein Unfall, körperliche und psychische Folter, eine Hinrichtung oder ein Mord ereignet hat.

Die Phänomene treten entweder regelmäßig in Intervallen oder in unregelmäßigen Abständen auf und können sich jahrhundertelang halten. Zum lokalen Spuk zählt auch der Wegspuk, bei dem Geister Menschen ein Stück begleiten und an deren Seite sind.

Es heißt, dass vor allem die Seelen jener, die unvermutet aus dem Leben gerissen wurden oder denen ein großes Unheil oder auch Unrecht widerfahren ist, nicht zur Ruhe kommen können und an dem Ort verharren, wo sich das Unglück ereignet hat, wo sie auf Erlösung hoffen. Andere Tote mögen bewusst entschieden haben, in der irdischen Welt zu verbleiben, und haben es sich zur Aufgabe gemacht, eine bestimmte »Mission« zu erfüllen, zum Beispiel andere Menschen vor einem Unglück zu warnen oder auch eine ganz bestimmte Person zu beschützen. Vielleicht gibt es aber auch solche, die uns nur sekkieren, Angst verbreiten oder sich rächen wollen. Einige »Geisterkenner« vertreten allerdings auch die Theorie, dass die Jenseitigen gar nicht wissen, dass sie bereits tot sind, und sich wundern, warum sie vom Großteil der Menschen ignoriert werden.

Erscheinen Gespenster an Orten, wo man ganz und gar nicht mit ihnen rechnet, gibt es in den meisten Fällen einen zwar nicht offensichtlichen, aber triftigen Grund dafür – entweder man versucht, selbigen herauszufinden, oder man akzeptiert die Anwesenheit des Geistes einfach, freundet sich vielleicht sogar mit ihm an und lädt ihn abends hin und wieder auf ein Glas Wein ein. In diesem Fall könnte es sich allerdings auch um einen personengebundenen Spuk handeln. Hierbei treten die Erscheinungen meist ausschließlich in der Nähe eines bestimmten Menschen, der Fokusperson, auf (besonders häufig bei

Kindern und Jugendlichen – ob dies mit den Hormonschwankungen, pubertären Konfliktzuständen oder mit der noch vorhandenen Unbefangenheit Heranwachsender zu tun hat, ist ungeklärt). Dieses Phänomen, meist »Poltergeist« genannt, kann von einigen Tagen bis hin zu mehreren Jahren dauern und endet meist so abrupt, wie es begann. Im Gegensatz zum lokalen Spuk kann es passieren, dass die betroffene Person direkt attackiert wird. Doch die physische Gewalt ist nicht unbedingt das Problem (Angriffe, die zum Tod eines Menschen führen, sind auszuschließen) – die Gefahr eines psychischen Schadens ist weit größer.

Es existiert auch die Theorie, dass sich Jugendliche wie auch ältere Menschen, die einsam sind oder sich vernachlässigt fühlen, ohne dass Absicht dahintersteckt, Poltergeister »zulegen«, die an ihrer Stelle nach Aufmerksamkeit schreien.

Als weitere Auslöser für selbst herbeigeführten personalen Spuk gelten Stress, Wut, Frust, Aggressivität, Enttäuschung oder Trauer.

Hier nun die Geschichte von einem äußerst aufdringlichen personalen Spuk – dem Geisteronkel von Jana.

Ein Hausgeist

Jana (Name auf Wunsch der betreffenden Person geändert) berichtet hier mit eigenen Worten über ihre hellsichtigen Fähigkeiten und darüber, was Ende des Jahres 2009 geschah und ihr Leben veränderte:

»Ich war sechs Jahre alt, als das mit dem Schatten anfing. Anfangs stand er immer nur in der hintersten Ecke des Zimmers, in dem ich mich gerade aufhielt, doch je älter ich wurde, desto näher kam er an mich heran. Er machte mir keine Angst, seine Anwesenheit war einfach ein Teil meines Lebens. Nach meiner komplizierten Schwangerschaft im Alter von 26 und der schweren Geburt meines Kindes stand der Schatten plötzlich jede Nacht neben meinem Bett, woraufhin ich mich dann doch ein wenig zu ängstigen begann. Aber ich konnte mit niemandem über die Vorkommnisse sprechen und ignorierte sie so gut es ging.

Im Jahr 2006 zog ich mit meinem Sohn in die Nähe meiner Eltern, in ein idyllisches Dorf namens Gau-Odernheim in Deutschland. Ich fand rasch eine passende Wohnung – dass mich mein Schatten begleitet hatte und auch in unserem neuen Heim auftauchte, wunderte und störte mich nicht sonderlich.

Am Anfang verlief alles zu meiner Zufriedenheit, auch der Kleine entwickelte sich prächtig.

Doch eines Tages, ungefähr nach einem Jahr in der neuen Wohnung in Gau-Odernheim, fing der Spuk an: Ich hörte Klopfgeräusche, Türen knallen und Schritte, Dinge verschwanden spurlos, Glühbirnen gingen ständig kaputt, sämtliche Geräte begannen zu ›spinnen‹ und ich fing an, Visionen zu haben. Und mein Sohn hatte plötzlich einen unsichtbaren Freund, mit dem er spielte. Ich bekam Todesangst und dachte, ich würde verrückt werden, außerdem machte ich mir große Sorgen um mein Kind.

Doch es wurde alles noch weit schlimmer: Im Oktober 2007 kam mein damals zweijähriger Sohn schreiend aus seinem Zimmer gelaufen und behauptete, dort nicht mehr allein zu sein. Ich ließ ihn in mein Bett, doch er blieb panisch und starrte in eine bestimmte Ecke, meinte, dass dort jemand stünde. ›Mein‹ Schatten war es nicht und auch sonst konnte ich nichts entdecken. Nach einer unruhigen Nacht beruhigte sich der Junge und spielte tagsüber wieder fröhlich mit seinem unsichtbaren Freund. Auf meine vorsichte Frage, wer denn die Person sei, antwortete mein Sohn, dass es sich um eine ›ganz liebe Oma‹ handle. Ein Arzt, den ich dann aus diesem Grund aufsuchte, behauptete, Kinder würden sich normalerweise erst frühestens im Alter von vier Jahren einen imaginären Freund zulegen. Ich beschloss abzuwarten, rechnete allerdings nicht damit, dass sich innerhalb kürzester Zeit die Lage extrem zuspitzen würde.

Schon am nächsten Tag gesellte sich zu der lieben Oma ein böser Mann und mein Sohn konnte nachts kaum mehr schlafen aus Angst vor dieser Gestalt. Besonders schockierend war folgendes Ereignis: Meine Schwester und ihre Kinder übernachteten in meiner Wohnung, als sich mein Sohn, nachdem wir alle schon zu Bett gegangen waren, wie ferngesteuert erhob und ins Wohnzimmer, wo meine Schwester auf der Couch übernachtete, marschierte – und während der ganzen Zeit hielt er den Arm nach oben, als würde ihn jemand an der Hand halten. Wir waren beide total schockiert und führten den Jungen, ohne dass er richtig aufwachte, zurück in mein Schlafzimmer.

Die nächsten Tage wurden heftig: Es schwebten Gestalten vom Kinderzimmer kommend Richtung Eingangstüre, im Schlafzimmer klopfte ständig etwas gegen die Wand, Türen knallten und es erschienen immer wieder drei Gesichter vor meinen Augen, die ich aber nicht zuordnen konnte. Ich hörte außerdem Stimmen, wurde sogar körperlich misshandelt. Nach einer Woche war ich ein psychisches Wrack, kam dann aber auf die Idee, mir Tipps aus einschlägigen Foren im Internet zu holen. Ein Vorschlag lautete, Fotos zu machen und zu schauen, ob auf den Bildern mehr oder Genaueres erkennbar sei als das, was ich mit bloßen Augen sehen konnte. Und so stieß ich auf das Antlitz einer weiblichen Person, die mir irgendwie bekannt vorkam. Meine Mutter verneinte die Frage, ob sie die Frau auf dem von mir geschossenen Foto kennen würde, was sich im Nachhinein als Lüge erwies. Ich gab nicht auf und zeigte das Bild jedem, den ich kannte, bis meine Tante die Fremde als Tante meiner Mutter identifizierte.

Ein Bekannter schickte mich schließlich nach Freiburg zur parapsychologischen Beratungsstelle, wo ich einigen Tests unterzogen wurde und psychologische Gespräche führte. Dabei stellte sich heraus, dass ich als schwächstes Glied in der Kette von drei Personen, die in einer starken emotionalen Verbindung stehen, alles abbekommen würde, was diese Gruppe belastet – und das würde sich in Form paranormaler Phänomene äußern. Es handelte sich neben mir um meine Mutter und meine Schwester.

Ich sah keine andere Möglichkeit, als mich aus dieser Gruppe zu lösen und eine große räumliche Distanz zwischen uns zu bringen. Und so zog ich nach Wien, in der Hoffnung, den Spuk, zumindest teilweise, hinter mir lassen zu können.

Danach hat sich die Situation durch die Entfernung zu meiner Familie und die damit verbundene Lockerung dieses emotionalen Bandes merklich entspannt. Es suchten mich zwar immer noch manchmal ›Geister‹ heim, vor allem dann, wenn ich extrem gestresst war, doch ich wusste, dass ihr Erscheinen von mir selbst ausgelöst wurde. Mein Sohn jedenfalls wirkte wieder glücklich und ich brauchte mir keine Sorgen mehr um ihn zu machen.

Doch im Herbst 2009 brach meine hart erarbeitete heile Welt erneut zusammen.

Bereits in Gau-Odernheim hatte es eine männliche Stimme gegeben, die mich regelrecht verfolgt und sekkiert, einmal sogar geschlagen hatte – zuerst mit einem Knüppel, dann mit einem Lederriemen auf den Rücken, und das insgesamt zweieinhalb Stunden lang.

Heute weiß ich, dass der Geist, der mir das antat, etwas ans Tageslicht bringen wollte, was ich nie und nimmer von meinen Verwandten erfahren hätte, da keiner meiner Angehörigen mir je die Wahrheit über unser Familiengeheimnis sagte, alle nur den Mantel des Schweigens über das Geschehene breiteten. Doch ich sollte bald herausfinden, warum mich ein mir fremder, unsichtbarer Mann so vehement verfolgte und körperlich attackierte.

Zu dieser Zeit tauchte auch die ›Geister-Oma‹ wieder bei uns auf, sie spielte mit meinem Sohn und sang ihn in den Schlaf, was ihm aber nichts ausmachte, denn er hatte keine Angst vor der alten Dame.

Monate später sagte mir der Mann, der mich dermaßen mit seinem Spuk quälte, endlich wer er war: Norbert, der Bruder meiner Mutter! Doch ich wusste immer noch nicht, was mein Onkel von mir wollte, also fragte ich bei meiner Familie nach. Es hieß, ich solle mich heraushalten, Norbert sei vor langer Zeit gestorben – Ende der Geschichte. Aber ich ließ nicht locker, bis es zu einem großen Krach mit meiner Mutter kam. Zu dieser Zeit begannen auch in meinem Elternhaus paranormale Phänomene aufzutreten – mein Vater bekam es mit der Angst zu tun, meine Mutter ignorierte und verdrängte die Geschehnisse.

Endlich, ungefähr ein halbes Jahr nach dem körperlichen Angriff auf mich, erzählte mir mein toter Onkel seine Geschichte, laut und deutlich drang das Unfassbare eines Nachts aus der Dunkelheit an mein Ohr: Im Jahr 1969 war Norbert, damals 16 Jahre alt, von drei Angehörigen seiner, und somit auch meiner, Familie ermordet worden – er wurde mit einem Knüppel totgeprügelt und mit einem Lederriemen an einem Baum aufgehängt, und zwar von meinem Vater und zwei weiteren Brüdern meiner Mutter, somit auch Norberts Geschwister. Des Weiteren erzählte mir der Geist, dass einer der Täter, ein Onkel von mir, mein leiblicher Vater sei, was bedeutete, dass meine Mutter mit ihrem eigenen Bruder geschlafen und ein Kind gezeugt hatte: mich!

Das folgende Wochenende packte ich meine Koffer und fuhr nach Gau-Odernheim, um meine Mutter mit der Geschichte, die ich zu jenem Zeitpunkt noch nicht recht glauben wollte, zu konfrontieren, obwohl ich befürchtete, dass wieder alles unter den Teppich gekehrt werden würde. Und dann saß eine völlig gebrochene Frau vor mir, die alles gestand – es war genau so gewesen, wie Norbert es erzählt hatte.

Ich habe dann nichts unternommen, war mit den Nerven völlig fertig und fuhr in diesem Zustand zurück nach Wien. Hätte ich meinen Vater und meinen Onkel – der andere Onkel, also mein leiblicher Vater, lebt schon lange nicht mehr – anzeigen sollen? Nach 40 Jahren? Hätte mir jemand geglaubt?

Alles, was ich tun konnte, war, Norbert zu verstehen zu geben, dass meine Aufgabe erfüllt war und ich damit nichts mehr zu tun haben und in Ruhe gelassen werden wollte. Ein paar Tage später erhielt ich einen Notruf aus Deutschland: ›Die Sache‹ würde ausarten, ein Geist würde allen, meiner Mutter, meinem ›Vater‹ und meiner Schwester das Leben zur Hölle machen. Ich bat meine Eltern, das Verbrechen aufzudecken, sich der Polizei zu stellen, da Norbert offensichtlich endlich zu seinem Recht kommen und die Wahrheit ans Tageslicht bringen wollte – vielleicht, um die irdische Welt für immer verlassen zu können.

Doch meine Mutter will bis heute nichts davon wissen. Sie ignoriert den Spuk so gut es geht und belächelt meinen ›Vater‹ und meine Schwester, die bereits unter Panikattacken leiden und kurz vor einem Nervenzusammenbruch stehen.

Aus meinen Leben ist Norbert verschwunden – wer weiß, für wie lange. Auch die alte Dame, wahrscheinlich meine Oma, ist gegangen.«

Das Experiment mit dem Medium

Uschi und Jana treffen Isabella Ambichl-Fischhof, ein bekanntes österreichisches Medium (siehe auch Bieberger, Christof / Gruber, Alexandra und Hasmann, Gabriele: Spuk in Wien – Von verborgenen Geistern und Spuren ins Jenseits. Verlag Ueberreuter, Wien 2004), in einem Wiener Kaffeehaus mitten in der City.

Die beiden Frauen, die wissen wollen, wie sie den spukenden »Onkel Norbert«, der Janas Familie immer noch in Angst und Panik versetzt, loswerden können, erzählen dem Medium die traurige Geschichte, jedoch ohne ins Detail zu gehen – sie hoffen, dass Isabella einen Kontakt zu dem Geist herstellen und ihn fragen kann, was er von Jana, seinen Mördern und den Mitwissern erwartet.

Isabella bedient sich eines Sprachrohres aus dem Jenseits und meint, der Mittler sei äußerst ungehalten und wolle sich zu dem »Fall« nicht äußern, ein Zeichen dafür, so das Medium, dass man nicht weiter in die Materie eindringen sollte.

Uschi: »Es kamen dann nur noch derbe Sprüche, natürlich nur vom Geist an Isabellas Seite, nie von ihr selbst, und eine Diagnose zu Jana und ihrer Lebenssituation, die hinten und vorne nicht stimmte. Danach verbat das ›Sprachrohr‹ mir den Mund, als ich etwas richtigstellen wollte, danach stellte er Jana als paranoide Hysterikerin hin. Isabella meinte dann noch, dass Jana ein ›armer Mensch‹ wäre und mit ihrer Familie bereits sehr viel durchgemacht hätte – was eigentlich gar nicht stimmt, denn die Probleme mit den Eltern treten ja erst seit Onkel Norberts Erscheinen auf, davor war alles, zumindest scheinbar, in Ordnung. Als wir Isabella auf ihre Fehleinschätzung aufmerksam machten, wurde sie regelrecht aggressiv und fragte, was wir uns einbilden würden… Sie keifte, dass die Geister machen, was sie wollen, und uns Irdischen keine Rechenschaft ablegen müssen und würden. Dann behauptete sie, dass sich Norbert ihr mit einer Axt, wie ein Henker, zeige.

Ich hatte wirklich das Gefühl, dass dieses sogenannte Medium versuchte, ihr Ding durchzuziehen, doch als sie bemerkte, dass Jana erstens nicht das klassische Opfer und zweitens wirklich hellsichtig war, wurde sie richtig ungut und meinte, ihr sei das alles zu dumm und sie sähe keinen Grund, sich damit weiter auseinanderzusetzen.

Abschließend gab sie Jana quasi den Rat, einen Psychologen aufzusuchen, meinte, dass sie noch viel lernen müsste und aufpassen sollte, dass der Geist nicht wieder zu ihr käme, da es dann richtig gefährlich werden könnte. Dann faselte sie noch irgendwas von ›Nightmare on Elm Street‹ – spätestens da waren meine Schotten dicht.

Als Jana dann sehr bestimmt auftrat und meinte, sie würde ihren Onkel Norbert eben wieder zu sich holen, damit ER ihre Fragen beantwortete, nämlich was er jetzt noch wolle und wie man ihm helfen könne, stand Isabella auf und verließ das Lokal.

Meiner Meinung nach hat diese Dame üblicherweise nur mit Leuten zu tun, die von der Materie keine Ahnung haben und sich alles erzählen lassen, alles für bare Münze nehmen, was aus dem Mund eines Mediums kommt. Dass sie damit bei uns nicht durchkam, hat sie wohl enorm geärgert.

Den Rest hatte sie mir gegeben mit dem Tipp, ich sollte bei meinen Geisterjagden ein Pentagramm tragen, weil ich sonst verantwortungslos handeln würde. Also, ich lass mir sicher keine Angst machen und wenn ich denke, was ich im Zuge meiner Untersuchungen mit API schon alles erlebt habe – da hätte mich schon längst der Teufel holen müssen.«

Isabella: »Diese junge Frau, die sich Hilfe suchend an mich wandte, machte einen sehr eigenartigen Eindruck auf mich – ihre Aura war hässlich und hatte einen unangenehmen Geruch, war von klebrigem Staub umgeben, vergleichbar mit einer abgewohnten Einrichtung aus den 80er-Jahren. Ich nahm Kleinbürgertum, Missbrauch, viele Lügen und Hinterhältigkeiten wahr.

Jana hat mir bei keiner meiner Aussagen recht gegeben, schilderte ihr Elternhaus als nett und normal, als wäre dort alles in Ordnung. Ich aber empfand sie als Opfer, wahrscheinlich wurde sie auf verschiedenen Ebenen missbraucht. Jetzt will sie auf sich aufmerksam machen, indem sie sich einen Spuk zugelegt hat.

Ein Geisterführer, der während des Gesprächs mit den beiden Frauen anwesend war, hat mich darauf aufmerksam gemacht, dass es besser wäre, die Sache ruhen zu lassen, doch Jana lehnte dies ab. Sie sagte, sie wolle ihre Mutter schützen, die ein Familiengeheimnis wisse, als Kind einen Mord in der Familie beobachtet hatte, diese Tatsache bis heute verschwieg und die Täter deckte. Mein Kontaktgeist, eine sehr verständnisvolle, fast liebevolle Energie, vermittelte noch einmal, dass Jana sich auf ihr eigenes Leben und auf ihren Sohn konzentrieren und aufhören solle, in der Vergangenheit herumzuschnüffeln. Doch die junge Frau wurde immer zorniger, fühlte sich ungerecht behandelt und begann zuerst mit mir und dann über mich mit dem Geisterführer zu streiten. Unser Gespräch wurde immer unfreundlicher, daher habe ich es dann abgebrochen.

Jana wollte Kontakt mit diesem negativen Geistwesen des Ermordeten, behauptete, dieses würde sie sogar schlagen, trotzdem hatte sie den Wunsch, weiter mit ihm in Verbindung zu bleiben. Mir war es leider, oder auch Gott sei Dank, nicht möglich, mit diesem aggressiven Toten zu kommunizieren. Der Geisterführer riet Jana auch noch, sie solle die Jenseitswelt meiden, doch sie wollte immer nur streiten und behauptete, kämpfen zu müssen, um diese Sache aus der Vergangenheit zu klären.

Diese junge Frau ist sicher eine geschundene Seele, die schon einige Leben in dieser Schwingung verbringt und die, wie ich sehen konnte, da auch nicht heraus will – ein Fall von ›Karma schafft Karma‹.

Jetzt zu der anderen Dame: Uschi hatte vorher ganz offensichtlich noch nicht viel mit strengen Geistwesen zu tun, die sich nicht vorführen und manipulieren lassen. Sie begibt sich, unerfahren wie sie in Bezug auf gewisse Energien ist, in Gefahr, wenn sie sich nicht vor ihnen schützt! Ich jedenfalls hatte nach dem Gespräch mit den beiden Frauen starke Kopfschmerzen, das Treffen hat mich sehr angestrengt.

Ein letzter Tipp an Jana: Sie sollte unbedingt ärztliche Hilfe in Anspruch nehmen!«

TIPP

Kontakt zum Medium Isabella Ambichl-Fischhof auf: http://www.jenseitskontakt.at

Ein Geisterhaus

Und jetzt zu einem ausgewachsenen ortsgebunden paranormalen Phänomen: dem Spuk im Schloss Porcia!

Das Renaissanceschloss im Zentrum von Spittal an der Drau zählt zu den schönsten und bedeutendsten Prunkbauten nördlich der Alpen. Seine Errichtung ist 1533 von dem aus Spanien stammenden Gabriel von Salamanca-Ortenburg in Auftrag gegeben worden, der jedoch 1539 verstarb, rund 60 Jahre bevor das Schloss fertiggestellt wurde.

Im Laufe der Zeit wechselte der Bau mehrmals die Besitzer, u. a. residierten dort über mehrere Jahrhunderte hinweg (1662–1918) die Fürsten von Porcia, eine italienische Adelsfamilie aus der Provinz Pordenone, die dem Schloss auch seinen Namen gaben.

Die Fürsten von Porcia verkauften das Schloss an den Baron Klinger von Klingerstorff, der aber aus Geldmangel zuerst Teile des Inventars veräußerte, danach den Schlosspark und das Gebäude schließlich 1950 an die Stadt abtrat.

Heute beherbergt Schloss Porcia ein Museum für Volkskultur, die »Galerie im Schloss Porcia«, eine Bühne für Theateraufführungen und Konzerte sowie ein Café. Darüber hinaus finden dort jährlich Veranstaltungen wie der »Internationale Chorwettbewerb« und die »Komödienspiele Porcia« statt. Alle zwei Jahre wird außerdem im ganzen Ort das »Salamancafest« zu Ehren des Erbauers des Schlosses gefeiert.

Und jetzt kommen wir zur Blutgräfin Katharina Salamanca, einer Nachfahrin von Gabriel, wegen deren »Geist« sich die Geisterjäger API insgesamt fünf Mal auf den Weg nach Kärnten gemacht haben.

Katharina, die Frau eines Grafen namens Georg, soll eine habgierige, herrschsüchtige und kaltherzige Frau gewesen sein, während sich ihr Gatte durch Milde und Gutmütigkeit gegenüber seinen Untertanen ausgezeichnet hat. Einzig ihrem Sohn Johann, den sie verwöhnte und verhätschelte, konnte die Gräfin aufrichtige Liebe entgegenbringen, während das Volk ihre Härte und Unnachgiebigkeit zu spüren bekam. Eines Tages hetzte Katharina während eines rauschendes Festes die Doggen ihres Sohnes auf die arme Bevölkerung, die sich im Burghof versammelt hatte, um die Abfälle des üppigen Gastmahles zu erbitten, wobei ein alter Messner von den Bestien totgebissen wurde. Während der Mann sein Leben aushauchte, rief er der Gräfin folgende Worte zu: »So wie ich jetzt sterbe, wird auch Johann, Euer Sohn, enden!«

Und so geschah es auch: Einige Zeit später reiste Johann von Salamanca nach Villach, um Landsleute von ihm, spanische Reiter auf dem Weg nach Wien, zu begrüßen. Dort angekommen traf er auf den Sohn des alten Messners und verschwieg ihm den Tod seines Vaters, berichtete, dass alles in bester Ordnung war. Froh über die gute Nachricht, schenkte der Mann dem jungen Grafen zwei Hunde von edler Rasse. Als Johann die wertvollen Tiere streichelte, stürzten sich seine eigenen, eifersüchtig gewordenen Doggen, zähnefletschend auf die Rivalen. Johann wollte die kämpfenden Tiere mit seiner Peitsche trennen, woraufhin die Hunde ihre Aggressionen gegen ihn richteten, den Mann gemeinsam ansprangen, zu Boden rissen und töteten.

Gräfin Katharina von Salamanca konnte den Verlust ihres einzigen Sohnes kaum verwinden, verlor auch noch ihren Mann, der bei der Nachricht vom Tode seines einzigen Erben einen Schlaganfall erlitt. Sie entließ daraufhin die gesamte Dienerschaft bis auf eine einzige Zofe und wandte ihre gesamte Aufmerksamkeit den Schätzen zu, die im Schloss angehäuft worden waren. Sie konnte den Gedanken nicht ertragen, dass ihr Vermögen aufgrund fehlender Nachkommen in fremde Hände fallen würde, und suchte wie besessen nach einer Möglichkeit, die Reichtümer in Sicherheit zu bringen. Sie bestellte einen Handwerker ins Schloss, der ihren Schmuck und das Gold in einem finsteren Kellergewölbe einmauern sollte, und sowohl der Maurer als auch die Zofe mussten einen heiligen Eid schwören, niemandem zu verraten, wo sich das Versteck befand. Doch die Gräfin traute keinem Menschen und so stieß sie zuerst den Handwerker mithilfe ihrer Dienerin nach erledigter Arbeit in das Burgverlies, in der Nacht darauf erschlug Katharina ihre Zofe während diese schlief mit einem Pantoffel und vergrub sie anschließend im Keller.

Nach diesem Doppelmord quälte die Gräfin jedoch ihr Gewissen, sodass sie Tag und Nacht ruhelos durch die einsamen finsteren Säle und Gänge des Schlosses irrte, bis sie eines Tages tot darin aufgefunden wurde. Bis heute soll die unbarmherzige Katharina von Salamanca keine Ruhe finden, immer wieder ihrer Gruft in der Schlosskapelle entsteigen und als Geist durch das Spittaler Schloss wandeln.

Einer der Fürsten von Porcia ließ ein Gemälde anfertigen, das die Gräfin in schwarzem Gewand, in einer Hand einen Schlüsselbund, in der andern den verhängnisvollen Pantoffel, zeigt. Das Bild hängt heute in einem Flur des Schlosses.

Es existieren etliche Berichte, wonach Bewohnern des Schlosses Katharinas Gespenst mehrmals begegnet sein soll, und so begaben sich API, erstmalig im Dezember 2006, auf die Spur der spukenden Gräfin, von den Geisterjägern liebevoll »Patschentante« genannt.

Bei der ersten Untersuchung passierte vor Ort nichts wirklich Spektakuläres, außer dass der Lift in einem anderen Stockwerk stand, als man in Erinnerung hatte, und Türen sich von allein öffneten. Doch bei der Auswertung des Ton- und Bildmaterials fand Uschi ein Foto, auf dem klar und deutlich die Gräfin Salamanca zu sehen ist, und zwar über einem dort stehenden API-Mitglied schwebend. Eine Spiegelung des Gemäldes konnte nach genauerer Untersuchung ausgeschlossen werden. Und es gab noch eine weitere ominöse Aufnahme: ein Video, auf dem in demselben Raum, in welchem ein Teammitglied friedlich döste, plötzlich Schritte zu vernehmen sind, laut und hallend, danach wird eine Klinke hinuntergedrückt, dann ertönt ein Geräusch wie das Hinstellen eines Tonkruges, dann sind erneut Schritte und das Zuknallen einer Türe zu hören.

Am Karsamstag des Jahres 2007 machten sich API wieder auf den Weg nach Kärnten, um Schloss Porcia erneut einen Besuch abzustatten.

Wie schon im Dezember wurden die Geräte aufgestellt, Fotos geschossen, Diktafone platziert, doch auch während dieses Aufenthaltes passierte in der Nacht der Untersuchung nichts Berichtenswertes. Nur am Morgen hörte Uschi Schritte auf dem Arkadengang, wie laut Erzählungen auch schon Schlossangestellte unzählige Male zuvor. Die Auswertung der Bilder und Audioaufnahmen dieser Geisterjagd im Schloss Porcia ergab keinerlei Außergewöhnlichkeiten.

Bei der Untersuchung im Dezember 2007 führte der Weg der Geisterjäger ein drittes Mal nach Spittal an der Drau.

Bei der Sichtung der Fotos und Bänder, die bei dieser Untersuchung gemacht worden waren, fanden API dann sensationelle Aufnahmen: Auf einem der Videos, das auf dem Dachboden des Schlosses gedreht wurde, erkennt man, dass jemand oder etwas die Kamera um einige Zentimeter nach rechts verschoben hat, auf einem anderen Film sind ein etwa 13-jähriges Mädchen und ein kleinerer, circa fünf Jahre alter Junge zu sehen. Und unter den Fotos befindet sich die Aufnahme von einem dicken Mann mit Halskrause.

Im Spätsommer 2009 befindet sich Uschi erneut im Salamanca-Schloss: API und die Indigo-Kinder machen es sich zur Aufgabe, die böse Katharina aufzuspüren.

Beim vierten Besuch im Schloss Porcia, zu Halloween 2009, werden Kräfte und Talente gebündelt: API werden einmal von der Schamanin Petra von der Hexe Maggie, ein anderes Mal bei der Spurensuche begleitet.

Tiefblaue Propheten oder doch Außerirdische?

Als Indigo-Kinder bezeichnen einige Esoteriker junge Menschen, denen sie ganz besondere psychische und spirituelle Eigenschaften und Fähigkeiten zuschreiben – diese Annahme wird jedoch weder von der Psychologie, Kinder- und Jugendpsychiatrie oder Pädagogik gestützt und findet in der Wissenschaft kaum Beachtung, geschweige denn Anerkennung.

Der Begriff »Indigo-Kinder« wurde 1982 erstmals von der US-Autorin Nancy Ann Tappe, die seit den späten 1970er-Jahren eine Zunahme von Neugeborenen mit indigofarbener Aura bemerkt haben will, erwähnt. Seit Beginn des 21. Jahrhunderts, so Tappe, seien bereits fast 100 Prozent der unter Zehnjährigen Indigo-Kinder.

Laut dem US-Autorenpaar Lee Carroll und Jan Tober, die mit ihrem Werk »The Indigo Children: The New Kids Have Arrived« dem Begriff zu weiterer Bekanntheit verhalfen, weisen diese bestimmten jungen Menschen neue und ungewöhnliche psychische Merkmale auf, die ein bislang nicht bekanntes Verhaltensmuster ergäben: Indigo-Kinder hätten ein überhöhtes Selbstwertgefühl, Schulschwierigkeiten, einen hohen Intelligenzquotienten, würden kaum Autoritäten und ritualisierte Systeme akzeptieren und von anderen als dissozial (unfähig, sich in die bestehende Gesellschaft einzuordnen) wahrgenommen werden. Außerdem seien sie hypersensibel gegenüber chemischen Stoffen, zum Beispiel solchen in der Nahrung. Fälschlicherweise, so Carroll und Tober, diagnostiziere man bei diesen Kindern oft kinder- und jugendpsychiatrische Störungen wie ADHS (Aufmerksamkeitsdefizit-, Hyperaktivitätsstörung).

Carroll und Tober, außerdem auch noch einige andere einschlägige Autoren, sind sich auch nicht zu schade dafür, in den Raum zu stellen, dass die Indigo-Kinder als Teil eines größeren spirituellen Prozesses die Vorboten einer neuen, hybriden (vermischten, gekreuzten), möglicherweise sogar außerirdischen Lebensform seien.

Kritikpunkte an der Indigo-Theorie sind v. a. der Mangel an Klarheit aufgrund wissenschaftlicher Studien, außerdem zu geringe Griffigkeit der Symptome, weshalb es zum Barnum-Effekt (eine Neigung des Menschen, vage und allgemein formulierte Aussagen über die eigene Person als zutreffende Beschreibung zu akzeptieren) kommen könnte. Davon abgesehen, würden hilfreiche medizinische Diagnosen fehlen, wenn Eltern den »Befund«, mit einem Indigo-Kind gesegnet / gestraft zu sein, unhinterfragt und ohne Abklärung durch einen Arzt hinnehmen.

Ebenso wird von Skeptikern auf die »sektenartige Entwicklung« aufmerksam gemacht, darüber hinaus werden Stimmen laut, die von »Abzocke betroffener Eltern« sprechen, da das Angebot an Ratgebern, Seminaren, Reisen mit »Leidensgenossen« etc. immer größer wird und das Geschäft mit den Indigo-Kindern boomt!

TIPP

Hehenkamp, Carolina: Das Indigo-Phänomen. Kinder einer neuen Zeit. Das Geschenk der Indigo-Kinder. Schirner Verlag, Darmstadt 2006.

Das Experiment mit den Indigo-Kindern und anderen Talenten

Im September 2009 macht sich Uschi wieder einmal auf den Weg nach Spittal an der Drau – vor Ort wird sie auf eine Gruppe der angeblich hochsensiblen, spirituell begabten Indigo-Kinder, samt ihren Müttern und der Betreuerin namens Petra, treffen.

Prophetisch hatten die Kinder, als ihnen das Projekt vorgestellt worden war, behauptet, sie könnten Kontakt zu Porcias Geistern aufnehmen.

Gleich bei ihrer Ankunft werden Uschi die jungen Leute im Alter zwischen sieben und 16 Jahren vorgestellt. »Eigentlich wirkten die ganz normal auf mich«, erinnert sich Uschi an dieses Treffen. »Begleitet von ihren Müttern schwirrten die Kids im Schloss herum, die einen fotografierten, die anderen kritzelten Notizen in ihre mitgebrachten Blöcke – und ich hatte Probleme, nicht die Übersicht zu verlieren und die Ruhe zu bewahren.«

Einige Zeit später dreht Uschi mit der Betreuerin eine Runde durchs Haus. Petra erzählt, dass einer ihrer Schützlinge »gesehen« hat, dass im Schloss Babys in einem Ofen im Fürstenzimmer verbrannt worden sind. »Als ich mir jedoch besagte Feuerstelle ansah, konnte ich mir nicht vorstellten, dass durch dessen Mini-Luke ein kleines Kind passte, maximal ein winziges Stück Holz.«

Plötzlich gesellt sich ein etwa 15-jähriges Mädchen zu den beiden Frauen und behauptet, dass die Gräfin auf dem Gemälde auf ihren Mörder zeige. »Ich hielt das für unwahrscheinlich, da die meisten Bilder sowie auch 95 Prozent der Einrichtungsgegenstände von anderen Residenzen der Salamanca-Familie stammten und im Schloss, das mittlerweile ja auch als Museum geführt wird, nur ausgestellt wurden.« Als das Mädchen Uschis Skepsis bemerkt, läuft es mit den Worten »Ich geh wieder, mir glaubt ja eh keiner« aus dem Zimmer.

»Die Reinfälle gingen weiter«, berichtet Uschi, »man wollte mir mal wieder Stauborbs – ein Phänomen, das auftritt, wenn das Licht des Blitzes von einem zwischen Bildmotiv und Kamera schwebenden Staubkorn gestreut und teilweise zurückgeworfen wird, was sich als helle Scheibe auf dem Foto zeigt – als Geistererscheinungen verkaufen. Später erklärte mir ein kleines Mädchen, sie habe in einem nachgestellten Kinderzimmer eine Puppe mit blutigen Händen gesehen, doch als ich nachschaute, fand ich kein derartiges Spielzeug. Danach wollte mir dasselbe Kind weismachen, dass es sich bei zwei Schaufensterpuppen, an welchen antike Kleidungsstücke zur Schau gestellt wurden, um ihre Eltern handeln würde.

Ich fand das alles sehr eigenartig, vor allem aber auch das Verhalten der Betreuerin, die alles, was die Indigo-Kinder sagten, für bare Münze nahm und sie beinahe schon zu weiteren ›Sichtungen‹ drängte.

Plötzlich rief mich ein etwa 16-jähriger Bursche zu sich, der sah angeblich einen Geisterjungen. Da sich dieser Teenager vorher relativ unauffällig benommen hatte und vernünftig wirkte, ging ich zu ihm. Er führte mich zu einem nachgebauten Ofen, in dem sich der Geist angeblich versteckte – er sei etwa sechs Jahre alt, hieße Josef und würde nur in der Nacht rauskommen, wenn es still im Schloss ist. Ich filmte mit meiner Nachtsichtcam in den Ofen hinein, konnte aber nichts erkennen und fand auch im Nachhinein keine auswertbaren Bilder. Allerdings erinnerte ich mich daran, dass wir bei unserem Besuch im Dezember 2007 auf dem Dachboden eine Video-Aufnahme von einem Jungen in etwa diesem Alter gemacht hatten. Trotzdem wollte ich das Experiment dann abbrechen, die Aussagen der Kinder waren einfach zu ungenau und schienen größtenteils geraten, wenn nicht sogar erfunden zu sein, beschloss dann jedoch, mit den ›Indigos‹ noch den Dachboden zu besichtigen. Dort begann dann eines der kleinen Mädchen zu weinen, weil es sich vor ihrer Sichtung, einer herumlaufenden Gestalt mit klirrenden Ketten, fürchtete. Aber auch hier nahm meine Kamera nichts Außergewöhnliches auf. Dann kam die Aussage, dass es auf dem Dachboden einmal gebrannt haben musste – und das deckte sich mit der aufgenommenen Tonbandstimme ›Wir sind verbrannt‹ im Zuge unseres Besuches des Schlosses im Dezember 2007, als wir dort auch Schritte gehört hatten.

Nach etwa einer Stunde war der ›Spuk‹ vorbei. Wir verließen alle gemeinsam Schloss Porcia – ich meinerseits sehr enttäuscht von der angeblichen Gabe der Indigo-Kinder – und dann trennten sich unsere Wege.«

Bei der Auswertung des Bild- und Tonmaterials am nächsten Tag fand sich, wie beinahe erwartet, ebenfalls nichts Interessantes.

Zu Halloween 2009 stehen Uschi und ihr API-Team, dieses Mal bestehend aus Heike und Günther, erneut vor den Toren von Schloss Porcia. Dieses Mal wird sich die Gruppe zwei Nächte lang einsperren lassen – am Freitag gemeinsam mit der Schamanin Petra Lipp, am Samstag mit Hexe Maggie.

Freitag Nachmittag finden sich Petra und ihr Ehemann Günther in Spittal an der Drau ein und treffen gegen 16 Uhr im Schloss auf das API-Team.

Während Uschi einem Zeitungsreporter ein Interview gibt und die anderen Geisterjäger die Geräte aufstellen, marschieren die Schamanin und ihr Gatte im Schloss herum, um dieses zu besichtigen und sich auf die kommende Nacht einzustimmen. Petra kündigt an, zu späterer Stunde ein »Einladungsritual« für die Geister durchführen zu wollen. Eine Stunde später kommen alle zusammen und die Schamanin gibt den Zwischenstand ihrer Eindrücke bekannt: Sie behauptet, dass der Spiegel im Fürstenzimmer ein Tor zur anderen Welt darstellt, durch das ein kleiner Junge ein- und aussteigt. Uschi erzählt von Josef, den das Indigo-Kind erwähnt hat, doch Petra meint, dass es sich bei dem Buben um Johann, den Sohn der Gräfin Katharina handle. Mehr will sie zu diesem Zeitpunkt noch nicht preisgeben.

Die Schamanin meint nun, sie wolle für ihr Ritual den Saal suchen, den sie im Zuge einer schamanischen Reise von zu Hause aus bereits besichtigt hat. Günther wird rasch fündig und geleitet seine Frau in besagten Raum, während Uschi noch einige Geräte technisch aufeinander abstimmt, bevor sie Petra und ihrem Mann folgt. Doch noch bevor das Experiment starten kann, gibt es einen Kurzschluss, da Uschi einen falschen Schalter der Stromversorgung betätigt – und während Petra beinahe schon in Trance fällt, bricht das gesamte Videosystem zusammen. »Die Schamanentrommel hallte bereits durchs ganze Schloss, während Heike, Günther und ich wie Verrückte herumliefen und alles technisch neu planen und koordinieren mussten«, berichtet Uschi.

Als endlich wieder alles läuft, gesellt sich das API-Team zu Petra und Günther, zu fünft setzen sich im Kreis um diverse Schalen, eine Kerze, eine Räucherung und verschiedene Opfergaben wie Maiskörner, Süßigkeiten und Wein. Petra startet nun, in der Hand eine Rassel, im Arm die Trommel, das Ritual. »Wir anderen mussten Lorbeerblätter anhauchen und unsere Wünsche und Bitten preisgeben, dazwischen wurde immer wieder getrommelt. Dann streifte Petra noch imaginäre Blockaden von uns ab, danach durften wir den Wein trinken – ein sehr guter Jahrgang übrigens. Plötzlich starrte Heike wie gebannt auf die Stelle neben dem Bett im Fürstenzimmer, das in unserem Blickfeld lag, und als ich fragte, was los sei, flüsterte sie mir zu, dass sie dort ein Mädchen, einen Jungen, eine Frau und einen Mann stehen sehen würde und dass es ihr nicht gut ginge. API-Günther fühlte sich auch nicht wohl und spürte Kälte, und Petra meinte, dass die Geister bereits unter uns weilten, sich aber nicht wirklich nahe an uns heran trauten.«

Die Schamanin trommelt weiter, doch mit einem Mal scheinen alle Phänomene verschwunden zu sein, nur der kleine Junge schaut laut Heike weiterhin interessiert zu der kleinen Gruppe herüber.

Kurz nach Mitternacht ist das Ritual beendet und die Geisterjäger beschließen, auf den Dachboden zu steigen. Petra ist müde und sie verschwindet mit ihrem Mann Günther in den Pausenraum um sich auszuruhen. Uschi, Heike und Günther gehen nach oben und führen eine Befragung durch.

»Plötzlich hörten wir ein lautes, wildes Gekreische, als würden Tausende Vögel direkt über uns sitzen«, erinnert sich Uschi, »ich kam mir vor wie im Film von Alfred Hitchcock. Wir gingen auf die Arkaden und sahen tatsächlich unzählige Vögel über unseren Köpfen, was uns sehr seltsam vorkam. Am nächsten Tag erfuhren wir dann, dass genau in dieser Nacht außerplanmäßig Kranichschwärme über Spittal geflogen waren, deren Flugroute sich aus unbekannten Gründen geändert hatte. Das war eigentlich das spektakulärste Erlebnis bei dieser Untersuchung.

Allerdings konnten wir später eine Tonbandstimme, die während des Rituals aufgenommen wurde, auswerten, die sagte: ›Wir haben alle getötet‹.«

Eine Stunde später verabschieden sich Uschi und ihr Team von Petra und Günther und fahren müde in ihre Unterkunft um zu schlafen, da am Nachmittag bereits Hexe Maggie auf Schloss Porcia erwartet wird.

»Ich freute mich ganz besonders auf Maggie«, erzählt Uschi, »hoffte ich doch, dass wenn schon schamanische Trommeln Geister nicht anlocken konnten, es Hexenkünste schaffen würden.«

Nachdem Maggie eingetroffen ist, wandert sie für einige Zeit allein durchs Schloss, um dessen Atmosphäre in sich aufzunehmen. Mittlerweile sind auch weitere API-Mitglieder eingetroffen: Roland und Jürgen.

»Ich und Heike beschlossen, im Fürstenzimmer auf Maggie zu warten, während die Jungs es sich am Dachboden ›gemütlich‹ machten, mit Walkie Talkies verbunden hielten wir uns gegenseitig auf dem Laufenden. Plötzlich hatten Heike und ich das Gefühl, als würde sich uns jemand nähern, es sind auch Schritte zu hören gewesen. Zuerst dachte ich, es wäre Maggie, doch das war nicht der Fall. Ich vernahm auch eine Stimme und fragte laut, ob man uns ein Zeichen geben könnte, die Antwort aus dem Nichts lautete: ›Mach es selbst.‹ Heike schlug dann auf den Tisch und gleich darauf ertönte an einer der Wände ein lautes Pochen. Ich fragte bei den Männern nach, ob sie geklopft hatten, doch die Jungs verneinten. Dann stieß Maggie endlich zu uns und wir beschlossen, mit dem anderen Team die Räumlichkeiten zu tauschen. Zuvor bemerkten wir allerdings noch, wie schon bei unserem ersten Besuch im Dezember 2006, dass der Aufzug scheinbar wieder einmal von allein losgefahren war, denn er befand sich nicht mehr in dem Stockwerk, in dem er eigentlich hätte stehen müssen. Gott sei Dank hatte ich eine Kamera auf ihn gerichtet und hoffte auf eine aussagekräftige Aufnahme. Maggie sah sich noch einige altertümliche Masken und eine alte Truhe mit Pentagrammen an, dann gingen wir los.«

In einem nachgestellten gotischen Zimmer am Dachboden setzen sich die drei Frauen in eine dunkle Ecke und versuchen Kontakt mit der Geisterwelt aufzunehmen.

»Maggie nahm einen kleinen Räucherkegel, beträufelte ihn mit

›Göttinnen-Öl‹ und stellte Kerzen auf. Dann luden wir unter dem Geläut von tibetanischen Glocken die Geister von Schloss Porcia ein, sich zu uns zu gesellen. Doch nichts passierte, und so wechselten wir nach einer Stunde in das Bauernzimmer, wo wir uns an den riesigen Tisch setzten und erneut nach den Geistern riefen. Maggie hatte die Kamera in der Hand und beobachtete fasziniert das Display. Plötzlich riss sie die Cam herum und starrte erschrocken zur Seite. Heike lachte und stellte trocken fest: ›Jetzt hast du den Schatten gesehen, der an dir vorbeigehuscht ist!‹ Maggie meinte daraufhin, dass ihr wahrscheinlich nur ihre Nerven einen Streich gespielt hatten.«

Als Uschi die Hexe darauf hinweist, dass sie sich nicht wundern darf, wenn »etwas« herumschleicht, da sie die Geister ja eingeladen hat, antwortet Maggie: »Ja eh, aber muss sich der so anschleichen?«, woraufhin alle drei Frauen in schallendes Gelächter ausbrechen. »Die Jungs werden sich unten gedacht haben, wir spinnen«, kichert Uschi.

Die Frauen hören auch immer wieder Stimmen in dieser Nacht, »es war weit mehr los, als 24 Stunden zuvor mit Petra«.

Kurz vor dem Abbau der Geräte treffen Uschi, Heike und Petra auf Günther, Roland und Jürgen, die berichten, dass im Fürstenzimmer absolut nichts los gewesen sei. Gegen fünf Uhr früh verabschiedet sich Maggie und macht sich auf den Weg nach Hause, zwei Stunden später, nachdem alle Kameras, Laptops und Diktafone eingesammelt sind, brechen auch API ihre Zelte in Spittal an der Drau ab und fahren zurück nach Wien.

Die Auswertung brachte in diesem Fall einige Ergebnisse: Es waren Schritte aufgenommen worden und eigenartiges Gemurmel, »es klingt wie eine Frauenstimme, die in einer fremden Sprache so eine Art Beschwörungsformel aufsagt«, zeigt sich Uschi begeistert von dem Material.

»Man kann sagen, dass die Untersuchung mit der Hexe am meisten gebracht hat, auch wenn die Nacht mit der Schamanin ebenfalls sehr interessant war. Am enttäuschendsten verlief der Besuch mit den Indigo-Kindern, davon habe ich mir eindeutig mehr erwartet«, fasst Uschi zusammen.

Doch die kaltherzige Gräfin Katharina von Salamanca konnte auch mit den unterschiedlichsten magischen Talenten nicht aus der Reserve gelockt werden – wahrscheinlich war ihr einfach zu viel Rummel.

TIPP

Näheres zu den Erlebnissen von API in diversen Gemäuern im In- und Ausland in: Hasmann, Gabriele: Geisterjäger – Auf den Spuren des Übersinnlichen. Verlag Carl Ueberreuter, Wien 2009.

NACHWORT

An dieser Stelle möchte ich mich als Erstes bei all jenen entschuldigen, denen ich mit manchen Textpassagen auf den gottesfürchtigen Schlips getreten bin.

Doch sogleich folgt der Aufruf – und das mag aufgrund des vorherigen Satzes widersinnig klingen, ist es aber nicht –, den ich in der Funktion einer Gläubigen an die Existenzberechtigung allen Seins starte: Lasset jeden Menschen die Magie ausüben, der er vertraut und von der er annimmt, sie zu beherrschen, solange er damit niemanden schädigt! Seid tolerant, flexibel und vor allem offen, wenn ihr mit Hexerei, Schamanismus, Voodoo oder anderem »Hokuspokus« in Kontakt kommt – eventuell könnt ihr von dem neuen Gedankengut profitieren; oder euch im schlimmsten, vielleicht auch im besten Fall königlich amüsieren. Gebt nur nie Geld für Magie aus – es sei denn, ihr seid von den Kräften einer Person, eines Rituals oder eines Gegenstandes wirklich überzeugt (denn dann kann es, was auch immer, unter Umständen tatsächlich funktionieren).

Allerdings sollte vor dem Glauben an die Magie, ebenso wie in der Religion, immer der Glaube an sich selbst stehen! Denn uns rettet letztendlich kein Zauberer, ebenso wenig wie ein Gott, beide höchstens stellvertretend – und wer braucht schon einen Stellvertreter, wenn es das Wichtigste im Leben, nämlich genau dieses, selbst in die Hand zu nehmen gilt?

Meine magische Formel hierfür: Respekt vor allen Lebewesen, Toleranz in allen Lebenslagen, Eigenliebe und Nächstenliebe in einem ausgeglichenen Verhältnis; Mut, zu sich selbst zu stehen und keine Angst vor der Wahrheit zu haben (obwohl gegen Notlügen nichts einzuwenden ist); ergänzend dazu ein gesunder Umgang mit rational bedingter Skepsis, ohne dabei notorisch misstrauisch zu werden. Und, ganz wichtig: Nie den Humor verlieren!

DANKSAGUNG

an
alle Interviewpartner
Regina Hürner für die freundliche Führung durch St. Thomas
Bettina Hodanek und Familie für ihre Experimentierfreudigkeit
Annemarie Farrer für einige Informationen und Tipps
Alexandra Englert für diverse Hinweise
Renate Gassner für ihren kreativen Beitrag »Fliegendes Spaghettimonster«
Alexandra Wischall für die psychologischen Aspekte in Teilen des Kapitels »Die Geister, die ich rief …«
Dietmar Hepp für die Nachbearbeitung der Fotos (www.deetec.at)

QUELLEN

Stand aller Internetseiten per Ende April 2010

Allgemein
http://www.wikipedia.at (freie Online-Enzyklopädie)
http://www.aeiou.at (österreichisches Wissensnetz)

Alles, was zählt
http://www.heiligenlexikon.de
http://www.de.wikipedia.org/wiki/Chinesische_Zahlen
http://www.fengshuikunth.de
http://www.topas-muenchen.de
http://www.kulman.info
http://www.the-power-of-life.de
http://www.wien-konkret.at
http://www.peter-diem.at
Schilddorfer & Weiss: Ewig. Langen Müller Verlag, München 2009.
http://wwwg.uni-klu.ac.at
http://www.esotericon.de
http://www.spiritproject.de
http://www.traumdeuter.ch

Wo die Kraft zu Hause ist
http://www.kraftort.org
http://www.sagen.at
http://www.geomantie.net
Bischof, Marco: Die Geschichte der Wiederentdeckung der Geomantie. In: Hagia Chora. Zeitschrift für Geomantie. Ausgaben 7-10, Herbst 2000.
http://www.marcobischof.com/de/texte/index.html
http://www.viasacra.at
Cerny, Christine: Magisch Reisen – Österreich. Wilhelm Goldmann Verlag, München 1992.
http://www.gym1.at
http://www.st-thomas.at
http://www.hexenrezepte.de
http://www.hildegardvonbingen.at
http://www.gesundheit.com
http://www.wissen-im-netz.info

Die Welt des Glaubens
http://www.diewunderseite.de
http://www.geomantie.net
Habeck, Reinhard: Wundersame Plätze in Österreich. Verlag Carl Ueberreuter, Wien 2007.
http://www.maltatal.com
http://www.epochtimes.de
http://www.dgh-ev.de

Zwielichtige Gestalten – »Gut« und »Böse«
http://www.magisches-deutschland.net
http://www.pflanzenalchemie.at
Böhmer, Maggie: Meine Hexenrituale – Das Praxisbuch. Wilhelm Heyne Verlag, München 2006.
Brookesmith, Peter: Cult and Occult. Orbis Publishing Corporation Ltd., London 1984. (Übersetzung und Gestaltung der dt. Ausgabe: Raave, Andreas / Callori, Christina / Opitz, Hannes: Die Welt des Unerklärlichen. Motovun Verlagsgesellschaft AG, Luzern 1987.)
Cerny, Christine: Magisch Reisen – Österreich. Wilhelm Goldmann Verlag, München 1992.

Magischer Import – Bewusstseinsveränderung inklusive
http://www.seastarspirit.com
http://www.schamanischepraxis.de
http://www.kondor.de

http://www.vivita.net
http://www.geistertrommel.de
http://www.wakandas.de

Stimmen im Wind
http://www.askael.de
http://www.seastarspirit.com
http://www.sagen.at

Die Geister, die ich rief …
http://www.psychotherapievt.at
http://www.ura-linda.de
http://www.exorzismus.net
http://www.westafrika.de
http://www.voodoozauber.de

Austria's next Top-Spookfinder
Hasmann, Gabriele: Geisterjäger – Auf den Spuren des Übersinnlichen. Verlag Ueberreuter, Wien 2009.

Bildnachweis

S. 14; S. 20; S. 92, S. 109; S. 160: Wikimedia Commons, lizenziert unter GNU-Lizenz für freie Dokumentation (einsehbar unter: http://www.gnu.org/licenses/old-licenses/fdl-1.2.txt).
Alle übrigen Fotos: Ursula Hepp